ALBERTO TORRES

LE PROBLÈME MONDIAL

ÉTUDES DE POLITIQUE INTERNATIONALE

Elibron Classics
www.elibron.com

Elibron Classics series.

ISBN 1-4212-3414-9 (paperback)
ISBN 1-4212-3413-0 (hardcover)

This Elibron Classics Replica Edition is an unabridged facsimile of the edition published in 1913 by Imprensa nacional, Rio de Janeiro.

ALBERTO TORRES

Le Problème Mondial

(ÉTUDES DE POLITIQUE INTERNATIONALE)

RIO DE JANEIRO
IMPRENSA NACIONAL
1913

Le Problème Mondial

ALBERTO TORRES

Le Problème Mondial

(ÉTUDES DE POLITIQUE INTERNATIONALE)

La publication de ce livre a été retardée par des motifs absolument involontaires. Surmontant des difficultés sans nombre, son auteur croit devoir le donner à la publicité au moment où l'humanité, aux prises avec tous ses problèmes sans solution, court le danger d'obéir à la suggestion de ses impulsions et de ses préjugés ou d'accepter la sentence d'un fatalisme sceptique sur le pouvoir de sa Pensée.

Ce livre est encore un essai. Ses idées seront développées dans un autre ouvrage: « Orbis Humanus », où l'on mettra en relief la vérité que la connaissance de l'homme et de la société étant faussée par des idées conceptuelles et des préjugés, les jugements et les prétendues solutions des problèmes moraux, politiques et sociaux n'auront d'autre effet que d'élever les concepts verbaux qui traduisent les normes en vigueur sur les valeurs des hommes et des sociétés en nouvelles divinités, d'autant plus exigeantes dans les jugements et les sélections sociales que les réformateurs croient devoir démontrer la supériorité de leurs principes devant ce suggestif et terrifiant tribunal de la Morale, qui occupe, dans les caractères faibles et dans les intelligences passives, la place des mystèresde la nature dans l'esprit du sauvage.

C'est une arme d'un étrange et terrible pouvoir capable de faire paraître les formes les plus singulières et les plus sombres du despotisme, en des crises dont la force seule sera, en dernier lieu, le vrai juge. La guerre, d'un côté, l'oppression dogmatique dans les choses de la vie pratique, d'un autre, en seront l'effet inévitable.

L'idéal moral en sera la première victime, érigé en instrument de la force ou noyé dans une marée d'ascétisme servile, pour éclater ensuite dans une nouvelle crise où toutes les difficultés qui se montrent aujourd'hui seront aggravées par l'oppression exercée sur les sentiments, sur les pensées et sur les volontés, et par un long délai d'oubli. Les plus beaux idéals moraux sont réalisables, mais ils ne peuvent pas être posés en règles de jugement dans une société dont toutes les idées sont conventionnelles et dont l'ordre est anarchique. Les hommes, les peuples et les sociétés n'occupent pas la place déterminée par les conditions de leur nature, mais celle que résulte d'accidents arbitraires de la vie et l'Histoire. La situation de moralité, devant le criterium contemporain de jugement, est un attribut de la force, une victoire de la ruse ou un fait de hasard.

Cest la leçon qui résulte de ce sanglant accès de folie de la guerre d'Orient, fait sans logique, qui trompe, pourtant, le jugement des esprits ordinaires, de même que les accidents du relief de notre Planète semblent aux gens ignorants une objection à la sphéricité de la Terre.

La paix mondiale est le pas qui s'impose à la civilisation, comme condition de l'étude de cette formidable énigme de l'homme et de la société.

Rio de Janeiro, Septembre, 1913.

A. T.

AVANT-PROPOS

Ce livre est le développement d'études faites au cours des années 1910-1912. Ces études n'étaient pas destinées à être réunies en volume. Ayant été publiées, quelques unes, dans la presse de Rio de Janeiro, tandis que les autres attendaient les loisirs qui me permettraient de leur donner le dernier coup de main, elles étaient destinées à ne pas outrepasser les limites de cette publicité, devant les idées générales qui y étaient exposées former la charpente d'un futur ouvrage définitif de politique mondiale.

Deux raisons m'ont fait changer de résolution.

D'abord, le développement, de jour en jour plus visible, des tendances de l'évolution sociale contemporaine, faisant ressortir, d'un côté, non pas comme simple abstraction (l'idée toute conceptuelle des philosophes et des moralistes) mais comme un fait positif, l'existence de la société humaine, renfermant, dans un tout géographique et dans un réseau de rapports, toutes les contrées de la Terre et les hommes de toutes les races ; et, de l'autre, l'essor, dans cette multitude à peine mélangée, de forces et d'impulsions ne pouvant aboutir fort probablement qu'à un état prolongé de rétrogradation et de bouleversements, faute d'un but, d'une direction et d'un contrôle dans la vie des personnes et des societés, matériellement reliées par des moyens de communication et des instruments économiques, mais sans intelligence entre les aspirations, les idées et les besoins.

Ce monde nouveau, relié par les chemins de fer, les navires, le télégraphe, demande des instruments pareils d'accord et de conciliation entre les esprits et les actes, les personnes et les groupements sociaux et politiques.

L'« orbis romanus » était une simple fiction entre des continents et des océans contenant d'immenses contrées désertes et d'énormes foules ignorées. L'« orbis » n'existait pas encore. L'œcumène chrétienne embrassait encore moins la Terre et la société.

La Terre n'a pas commencé d'exister, pour la conscience et pour la connaissance humaine, que de nos jours ; elle ne date que d'hier, après l'exploration des régions centrales de l'Afrique. L'Anthropologie et la Sociologie commencent à peine à dévoiler les mystères des mœurs, des langues et des religions des sauvages.

Le fait de la possession de la Terre par l'esprit humain est un phénomène de notre temps. Suivi de tous les rapports que le mouvement spontané des intérêts commence d'établir, ce fait représente, dans la succession des grandes étapes de l'évolution, le début d'une ère et d'une ère que l'on peut dire celle de l'évolution consciente de notre espèce, cloîtrée jusqu'ici entre les bornes du monde connu et les frontières nationales.

Dans ce tournant, l'ensemble des forces en jeu dans les sociétés et de celles surtout qui débordent des limites nationales ainsi que les problèmes politiques et sociaux déjà constatés par les penseurs, et d'autres, plus profonds et plus subtils, qui commencent à paraître dans le fourmillement des faits journaliers, présentent des crises et des interrogations, qu'il faut prévenir et résoudre.

Toute analogie superficielle à part, la situation des idées, des faits et des intérêts place les destinées du monde dans une position pareille à celle de la rencontre de la civilisation romaine avec le monde barbare, au Ve siècle, et du conflit des institutions et des mœurs politiques du XVIIIe

siècle avec l'esprit de liberté, victorieux dans le monde des penseurs et dans la bourgeoisie.

Le cadre de cette nouvelle crise est, pourtant, bien plus vaste, et les éléments en action bien plus complexes et puissants.

Dès lors, cette question se pose naturellement : l'issue de ces poussées et de ces mouvements, va-t-elle être abandonnée au hasard, à l'action capricieuse de la somme des mobiles particularistes qui font les forces actives et ordinaires des sociétés et de ces étroites et mesquines politiques, bornées dans leurs préjugés nationaux et entravées par toutes les tracasseries et tous les embarras d'ineptes ambitions personnelles, de partis et de groupements ? A côté des conquêtes matérielles de la civilisation, l'esprit humain n'est-il pas parvenu à un état égal de développement lui permettant de profiter de la conscience de ces réalités sociales et politiques pour préparer l'acheminement des courants sociaux à leur issue évolutive et pacifique ?

Cette question, comme celle que Turgot s'est posé, avant la Révolution, et qu'il s'est empolyé à répondre, cherchant à conquérir la bonne volonté de Louis XVI et de la Cour, à l'esprit de réforme, et celle que Washington et ces esprits gigantesques des fondateurs de la République Américaine se sont présentés à la Convention de Philadelphie et pendant les premières années de la vie constitutionnelle des États-Unis, sera suivie, comme dans ces deux cas, de la réponse des faits, selon l'esprit et le caractère des hommes chargés à ce moment-ci de la direction des peuples.

La République Américaine, avec toute son influence pendant le XIXe siècle, en Amérique et dans le monde, est une œuvre de prévision politique ; la Révolution Française, avec ses effets, est l'œuvre de l'action des idées et de la réaction des institutions, se combattant sans calcul et sans mesure.

Les forces qui se trouvent maintenant en conflit ne sont pas des idées, celles-ci étant trop faibles pour diriger et pour contrôler des courants si vastes de tendances et de faits : ce sont des appétits, des ambitions, des intérêts ; et si ce n'est du côté des gouvernements, il est tout-à-fait illusoire de s'attendre à voir se constituer un corps, ou surgir une tête, capable de dompter et de régler les élans des courants impétueux qui conduisent les sociétés à la plus épouvantable des crises humaines.

C'est là l'avertissement qu'il semble urgent de faire aux hommes d'État.

La deuxième raison qui m'a fait hâter la publication de ces études est personnelle, mais non pas sans valeur, quant à leur résultat pratique. Tandis qu'elles étaient à peu près oubliées dans mon pays, où le sentiment général et l'esprit du peuple et des institutions étant pacifistes, le problème de la paix n'intéresse pas comme problème pratique, quelques unes des idées qui servent de prémisses à mes conclusions étaient devancées à l'étranger. Cette anticipation, ayant, d'abord, l'effet, qui n'est pas à mépriser, de diminuer l'efficacité pratique des idées, due à l'autorité gagnée par l'auteur, a, encore, celui de faire perdre aux idées devancées une partie de leur force, comme anneaux du raisonnement, dans un but déterminé. Le public, habitué à recevoir une idée avec une certaine application, est prédisposé à ne pas renouveler son examen dans une autre direction, perdant, ainsi, la cause dont cette idée était une contribution valable, par cette crystallisation antérieure, un élément de succès.

Je citerai, en exemple, la coïncidence de l'une des pensées capitales de mes études, celle de l'orientation futuriste de la politique et de tout processus mental d'étude des questions sociales, la solution devant consister toujours en la représentation idéale de l'issue future du phénomène, montrée par l'observation de sa marche dans le passé et de son état présent, avec la Philosophie futuriste d'un penseur européen, où l'idée d'avenir n'entre que comme drapeau de ralliement de ses compatriotes et d'encouragement pour une œuvre d'expansion et d'impérialisme.

Cette idée n'ayant pas même de connexion avec ma pensée, le mot futurisme, jeté pourtant par la presse aux quatre vents de l'opinion, ferait peut-être une crystallisation contraire à ma pensée, de par ces temps où les esprits montrent une si forte tendance à recevoir l'empreinte de suggestions purement verbales.

Bien plus rapprochée de ma pensée est cette belle remarque de M. Bergson (1) que la vie étant la mobilité, l'amour maternel, « observable jusque dans la solicitude de la plante pour sa graine », « nous montre chaque génération penchée sur celle qui la suivra. » La détermination de la vie à créer la vie et celle du passé et du présent à produire l'avenir sont justement deux idées capitales de ma pensée.

Intimement liée à celle-ci est l'idée de la prédiction des phénomènes sociaux, idée-mère de la Sociologie pour tous les sociologues, depuis Auguste Comte jusqu'à Giddings et Lester Ward, et acceptée par des esprits habitués aux méthodes des sciences expérimentales, tel que Wilhelm Ostwald (2).

J'insiste particulièrement au cours de ce travail dans la discussion de l'existence d'un instinct combatif ou d'une impulsion aggressive, dans la nature humaine. Cette question est une de celles qui servent le mieux à montrer le singulier caprice de certaines tendances supposées scientifiques à établir des jugements contraires au témoignage

(1) Bergson — *L'évolution créatrice.*

(2) Wilhelm Ostwald — *Les fondements énergétiques de la science de la civilisation.*

quotidien et général des faits sur des prémisses qui n'ont l'air scientifique que parce qu'elles sont obscures et insaisissables. Quiconque observe les mœurs des sociétés contemporaines, même des moins policées, ne peut se refuser à la constatation de ce fait que la lutte physique est exceptionnelle, qu'elle est évitée par la plupart des gens, même en cas de provocation et d'aggression. Les moindres atteintes contre les personnes sont punies dans tous les codes ; et, même dans les contrées où il serait illusoire de s'attendre à être garanti par le secours de l'autorité et de la force publique, les attentats contre les personnes sont plutôt rares.

Si elle existait vraiment, cette prétendue impulsion innée, elle serait déjà tellement refrénée par les forces de l'hérédité et de l'éducation, qu'il serait bien temps de comprendre que le moment est arrivé de ne pas s'en servir comme pretexte dans les cas justement où elle agit le moins sur ceux qui combattent : dans les cas de guerre. En fait, le soldat est le dernier à éprouver l'impulsion et la passion de la lutte.

Mais ce qu'il y a de plus intéressant c'est que l'observation des sentiments et des mœurs des sauvages, faite maintenant avec des méthodes plus sérieuses, contrédit la supposition de ce penchant à l'aggressivité dans ces peuplades ; le sauvage est d'autant moins belliqueux qu'il est plus rustique (1).

Mon interprétation sur les causes probables de l'origine des guerres n'est pas l'interprétation commune.

L'explication trouvée dans la lutte de l'homme contre la nature pour la recherche de la nourriture, et à l'impulsion de l'instinct sexuel, a le défaut d'être trop anthropocentrique

(1) Hobhouse — *Morals in evolution* ; Wheeler — *The Tribal and Intertribal Relations in Australia, Man,* 1911, 15; Grubb — *An unknown People in an unknown land, Man,* 1911, 57.

attribuant à ces fonctions ordinaires une importance plus grande que celles qu'elles doivent avoir eu pour l'homme primitif.

Les facteurs mésologiques de sélection exerçaient probablement une compensation presque mécanique entré les besoins et les satisfactions. Les autres interprétations viennent d'exemples et de généralisations faites sur l'observation des animaux domestiques et de l'homme ; et il faut rappeler que, dans l'élevage et dans la société, il agit toujours un élément d'artifice et d'arbitre qui suffit pour ôter toute naturalité et toute logique aux rapports d'être à être et de l'être avec le milieu.

Mon interprétation est d'ailleurs d'accord avec les conclusions de la science qui attribuent aux phénomènes géographiques une importance plus considérable dans l'évolution primitive de l'espèce (1) et qui rattachent l'origine des guerres à un état déjà avancé du développement humain (2). Des raisons d'ordre anthropologique, historique et psychologique m'ont convaincu que, née à l'occasion d'accidents naturels et de migrations, la guerre a bientôt gagné, avec les premières organisations sociales, une nature essenciellement politique.

Dans la partie de ce livre relative aux rapports de la guerre avec les races on a un peu insisté, pour montrer la force suggestive de l'intérêt politique, latent dans les sociétés, sur les idées en cours dans les différents pays, sur l'influence de l'idéal d'expansion de l'Allemagne sur certains courants de son opinion scientifique. Je suis sûr que cette influence s'est beaucoup attenuée dans les centres intellectuels allemands et je reconnais d'ailleurs que cette

---

(1) Buckle, Peschel, Ratzel, Issel, etc.

(2) A. Reibmayr — *Contribution à l'histoire des caractères raciaux et nationaux.*

tendance n'a pas été exclusive à l'Allemagne, ayant trouvé des adeptes en Angleterre, aux États-Unis, en France.

Cette question semble définitivement tranchée et il faut espérer que cet argument ne sera plus renouvelé pour justifier la survivance d'institutions contraires à notre état de civilisation, et ainsi se réalisera le vœu éloquent de M. Jean Finot (1) : « Sur les ruines du mensonge des races naissent ainsi la solidarité et la véritable égalité, toutes deux basées sur le sentiment rationnel du respect de la dignité humaine ».

Un dernier mot s'impose. Quel que soit le destin qui attend les conclusions de ce travail — et les faits contemporains et ceux de l'avenir prochain, bien plus que ses arguments, leur donneront la meilleure des confirmations — il y a une affirmation à poser comme l'essence même de ce livre : celle du droit et du devoir de la civilisation de préserver les richesses de la Terre contre l'exploitation imprévoyante et avide et de défendre les races et les peuples actuellement placés en position d'infériorité contre l'oppression des autres races et des autres peuples dotés par les institutions et les mœurs du passé d'avantages artificiels et transitoires de puissance et de suggestion.

On n'a pas fait des citations au cours de ce travail que lorsqu'il a fallu attribuer à leurs auteurs la paternité d'idées vraiment originales et, plus rarement, pour appuyer des affirmations sur des éléments de fait, et pour rattacher les idées du livre aux idées dominantes dans la haute pensée contemporaine. Il faut, pourtant, enregistrer ici la dette de l'auteur envers M. Ernest Nys dans ses érudits travaux sur l'Histoire du Droit International, pour un grand nombre de renseignements réunis au chapitre sur l'évolution de l'idée de la paix, quelques remarques et légers aperçus pris dans l'ouvrage de Paul Janet « Histoire de la Science Poli-

---

(1) Jean Finot, *Le préjugé des races.*

tique » et un petit nombre de faits, d'un intérêt plutôt anecdotique, cueillis dans *L'évolution politique* de Letourneau.

La nécessité de la paix permanente est une idée victorieuse dans la pensée des véritables hommes d'État. Dans son discours du 21 Décembre 1912, au Sénat Français, M. Raymond Poincaré a prononcé ces mots qui s'accordent absolument avec l'apréciation faite dans ce livre sur la guerre turco-balkanique :

« Nous assistons, messieurs, à l'un des événements les plus considérables et *les plus gros de conséquences* qu'aient depuis très longtemps enregistrés les annales de l'Europe. Cette question d'Orient, *qui est restée pendant des siècles comme une énigme redoutable*, cette question d'Orient, à laquelle les grandes puissances, par une entente tacite, évitaient, autant que possible, de chercher des solutions radicales et définitives, *elle va sans doute se régler maintenant par une force inévitable dans le sens qui correspond le mieux aux idées françaises* ».

Cette constatation de l'ancienneté de la question d'Orient et de sa solution prochaine, grosse de conséquences et d'accord avec les idées françaises, n'est-elle pas l'affirmation de ce fait qu'avec ce cauchemar de l'Orient il y a une tradition et une institution du passé à la veille de disparaître ?

Et si l'on rappelle les mots prononcés par M. Pichon à l'occasion du traité d'arbitrage franco-américain, pour interprèter cette allusion aux « idées françaises », on ne peut pas douter du sens intime des mots voilés du Président de la République Française.

Tout le monde fait justice et rend hommage aux sentiments pacifistes de l'Empereur d'Allemagne et aux efforts employés par S. M. pour assurer la paix dans le monde.

M. William Taft et Sir Edward Grey ont échangé, à l'occasion des pourparlers pour le traité d'arbitrage anglo-américain, aux applaudissements chaleureux de l'opinion publique, des représentants de tous les partis politiques, du Clergé Anglican et de celui des États-Unis, des personnages les plus éminents de ces deux pays, des mots, qui, mieux que le traité même, valent pour un vœu et un programme d'action pacifiste. Le nom seul du nouveau Président des États-Unis, M. Woodrow Wilson, vaut pour un programme de pacifisme et de politique de solutions sociales démocratiques.

Les grandes réformes ne dépendent souvent que d'un événement avertisseur pour être réalisées. Cet événement, dans le cas présent, serait, peut-être, le plus grand bouleversement qui aurait troublé la marche de notre espèce. Pourquoi ne pas nous épargner ce péril, devant l'évidente démonstration de sa probabilité ?

Rio-de Janeiro, Janvier, 1913.

A. T.

LE PROBLÈME HUMAIN

I

L'Histoire n'est qu'une succession de luttes. Les intérêts humains n'ayant été, jusqu'à nos jours, que des sujets de débats et des pretextes à batailles, le progrès social est un fait presque mécanique, sur lequel notre raison et notre volonté n'ont exercé qu'un contrôle négligeable. La lutte n'est pas, pourtant, qu'une des formes de l'activité humaine. Elle n'en est ni le but ni le moteur. Et le premier problème de notre civilisation est celui de savoir si notre esprit n'a pas atteint cet état de développement où la lutte physique entre les nations doit disparaître : si ce procédé anormal de notre activité, résidu de vieilles passions et d'anciens préjugés, sous l'exaltation impulsive des mobiles les plus grossiers de l'homme primitif et de la société en bas-âge, n'est pas contraire à l'adaptation de notre nature à notre milieu physique et social.

Ce problème soumet au jugement de notre époque une réforme des mœurs politiques dont le but est d'établir l'ordre dans le monde et dans ses groupements par la solution rationnelle des crises du développement social sans les bouleversements de la guerre et de la révolution.

La lutte de l'homme contre l'homme n'est pas une nécessité de nos instincts ni de nos besoins. Sans même s'attacher à l'affirmation de quelques anthropologistes que nos ancêtres primitifs n'ont pas connu l'homicide ni les combats avec leurs semblables, il faut tenir compte du fait que l'on n'a pas encore trouvé de vestiges du crime de sang, ni de la guerre dans les squelettes de l'homme antérieur à l'âge néolithique [1]. La guerre n'existe pas, comme un fait commun du moins, dans les mœurs des autres primates ni dans celles de la plupart des autres espèces animales.

La destruction de notre semblable par le crime et par la guerre représente ainsi une sorte de déformation de notre caractère générique. Presque exclusivement végétariens et frugivores, d'une nature plutôt peureuse que brave, désarmés pour les combats, faits pour les mouvements agiles, pour la course, pour la fuite, les primates n'ont pas la nature aggressive ni même offensive.

La guerre n'est pas le fait de l'instinct, tant que ce mot répond à l'ensemble des pouvoirs héréditaires de l'animalité attachés à la conservation de la vie et à la reproduction, mais le produit d'une intelligence sociale, d'une première couche de sentiment et de volonté, irritée et emballée jusqu'à la passion et au délire par l'incapacité de résoudre.

Sa source morale est, en partie, dans l'attrait des conflits des convoitises et des duels de la concurrence, mais, surtout, dans la poursuite de ces rêves enfantins, de ces bonheurs illusoires et de ces trésors qui ont toujours attiré, bien plus que la satisfaction des besoins naturels, les ambitions des hommes.

La guerre est un phénomène social et, surtout, politique ; elle est le résultat de l'ambition plutôt que de la nécessité ; elle a été créée par force de commandement. Le premier véritable chef d'une bande d'hommes a été le premier guerrier.

Dans les sociétés organisées, les gouvernements, appuyés sur la Morale et sur le Droit, puissamment aidés par les religions, sont arrivés à supprimer le duel et la guerre privée. La paix dans l'intérieur du pays, est dans l'intérêt de ceux qui gouvernent ; mais, dans les rapports extérieurs, puisque l'ambition des meneurs de peuples est toute tournée justement du côté des peuples voisins, la lutte physique s'est maintenue,

---

1 Vacher de Lapouge — *Les sélections sociales*.

par force du choc entre les ambitions concurrentes. Et — voyez qu'elle est vraie, cette vérité de la nature politique de la guerre — la lutte physique ne se présente plus, après la création des premiers chefs tribals, dans la vie intérieure des peuples, que comme réaction contre l'autorité des chefs, celle justement qui la maintient au dehors : comme révolution.

Pourquoi songe-t-on à la guerre ?

Pourquoi cette menaçante paix armée, toujours au guet sur les nations ?

Pourquoi ce danger constant de trouble dans la société ?

Parce que la politique, dans la vie des nations et dans celle du monde, est une forme arriérée de l'activité humaine, étant de plusieurs siècles en retard sur la civilisation. La Morale, la Justice, les notions de conscience et de bon sens ne sont dans les rapports de peuple à peuple et de gouvernants à gouvernés, que de lâches principes indéfinis, ou de grossières conventions, dissimulant, sous l'apparence du bien public, des intérêts de classes et de groupes sociaux.

La politique ne répond plus à l'état réel de la société humaine ni des sociétés nationales.

Même si l'on en réduit le concept à la forme précise d'une réalité immédiatement vérifiable, il n'est plus possible de contester l'existence de la société humaine, ou, si l'on en veut encore restreindre l'idée, d'une société humaine, composée de ces peuples, en différents degrés de culture, qui se connaissent, étant exposés aux influences qui relient les races et les nationalités dans le tissu d'un certain nombre de mœurs et d'intérêts communs. La communauté de ces intérêts et cette ressemblance des mœurs montrent que l'homme commence à réaliser une existence de rapports, supérieurs aux rapports nationaux, comme ceux-ci sont supérieurs aux rapports de classe, de commune, de famille.

En examinant les tableaux de la production mondiale des denrées alimentaires, on vérifie, malgré les prédictions de Malthus, de ses disciples et des avocats de l'impérialisme, que cette production n'est pas insuffisante pour nourrir le milliard et six cents millions d'habitants de la Terre. Notre planète compte, outre ses vastes régions inexplorées, des terres suffisantes pour nourrir l'humanité et en permettre la multiplication. Si l'on observe les progrès de la science appliquée et des industries, on est surpris des inventions destinées à accroître la vie et le confort. Les moyens de transport et de locomotion permettent de répandre les marchandises, de n'importe quel point de la Terre, dans toutes les directions, jusqu'aux antipodes. L'homme contemporain n'a pas besoin de combattre pour se nourrir et pour conquérir le bien-être.

La surface de la Terre est connue, la société des hommes se comprend et s'entremêle. Les instruments matériels d'échange se multiplient ; les liens moraux et sociaux gagnent, de jour en jour, en force, en étendue, en affinité ; le commerce et les rapports économiques, le crédit et la banque, les finances et les affaires, entretiennent toute une vie nouvelle, chaude, compliquée et variée, de rapports d'amitié, de concurrence pacifique.

Nos sentiments et nos idées couronnent cet océan de vie mondiale d'une écume, perlée et brillante, de sympathies et de solidarités.

La lutte physique est un affront à notre sens moral. Elle blesse le sentiment de pitié, qui se trouve au fond du cœur de l'homme le plus rustique de notre temps. Elle menace la paix du cœur et nos affections les plus profondes ; elle révolte la foi et les croyances religieuses ; elle confond, dans les batailles, amis et ennemis, confrères et adversaires ; et elle ne laisse, après elle, que le spectacle de deux sociétés entre lesquelles la haine a dressé, pour de longues années, la muraille d'une séparation absolue.

On a prétendu que la guerre est un phénomène inévitable de l'existence, un instrument nécessaire de la sélection, un moyen de civilisation, de culture, de progrès. Cest une idée aussi métaphysique que celle de tenir la paix pour l'avénement du milénium, de l'ère de la fraternité et du bonheur. La guerre est un fait de l'Histoire, toute omme la vie en tribu, la magie, l'esclavage, le totemisme, l'exogamie ou l'endogamie, le polythéisme, le féodalisme, l'empire, la chevalerie, la Réforme, les grandes découvertes et les fléaux, ont été, ou sont des faits historiques. Tout en étant condamnable, et en étant condamnée depuis les premiers jours de l'Histoire, la guerre peut avoir été une nécessité, une habitude dont l'homme n'aurait pu se passer, une étap de son évolution. Sa mission est accomplie, son temps est arrêté, voilà ce que montre le présent, ce dont toute la vie moderne est la preuve éclatante.

Isolé du monde politique, l'homme est partout l'ennemi de la guerre. Quel que soit son pays d'origine ou celui où il vit, son sentiment et sa raison l'associent à l'órdre. Quelle que soit son industrie, partout où le conduise son ambition, son intérêt et celui des siens sont liés au maintien de la paix et des bons rapports entre les peuples. Sur la paix reposent le crédit, la circulation commerciale, les échanges économiques ; elle seule permet et facilite les calculs de probabilité, dans les luttes de la vie. Les avantages politiques etl es gloires militaires lui son indifférentes, ou antipathiques.

Pour l'homme contemporain, l'image de la Patrie est celle du pays qui protège, á l'ombre des lois et des mœurs, l'avenir de la famille. Comme société permanente des familles, la Patrie, doit assurer, avant tout, l'ordre et le progrès, sur lesquels repose le problème vital des groupements les plus avancés de notre espèce : l'avenir des enfants.

C'est sur la base de ce sentiment fondamental de notre nature, fait d'amitié et d'amour, résumé de tous les autres sentiments, qu'il faut considérer les faits de solidarité sociale.

L'altruisme, cette sorte de renonciation à une partie de notre «moi» dans l'intérêt des autres, a pour fondement l'amour de la famille. Bien que née à une phase déjà avancée de la vie sociale, après la formation des premières hordes, peut-être même des premiers clans, la famille est la société par excellence.

Quelques philosophes et philanthropes ont voulu asseoir le sentiment de solidarité sociale sur l'échelle descendante de l'amour de l'Humanité, de la Patrie et de la Famille. C'est l'inversion même de la réalité ; et l'idéal de la paix, confondu dans cette conception utopique, n'en a qu'à souffrir. Le militarisme, de l'autre côté, soutient la superiorité de la Patrie sur la Famille.

L'utopie des uns, la fausseté conventionelle des autres, les font tomber dans la même erreur logique.

Il est fort douteux que la conception des positivistes soit un idéal légitime et puisse prendre racine, comme un véritable sentiment. Il n'y a pas, peut-être, dans cette idée, que la confusion de l'échelle des sentiments avec la gradation des trois sociétés, en raison de leur masse. L'habitude de tout réduire à système, le penchant à classifier, ne nous permettent pas toujours d'envelopper une pensée complexe, sans l'aide d'une image, ou d'un tableau. Cet échelonnement du sentiment altruiste, n'étant ni naturel ni pratique, devient un obstacle au développement de la solidarité humaine, un argument contre son progrès. La vie sociale a pour condition l'altruisme, mais l'altruisme a pour forme primaire l'amour familial. La solidarité collectiviste des primitifs n'avait pas pour base l'abnégation, mais le besoin matériel de sûreté, sur une couche, encore bien mince, peut-être, d'instinct animal d'entr'aide. Précédant la famille, elle a précédé ses motifs moraux, le désintéressement de ses rapports, l'instinct de sacrifice pour autrui. L'illusion, si elle a jamais existé, de la suprématie de l'amour patriotique sur l'amour de la famille, inspirée dans l'intérêt de défense personnelle, se serait transformée, par force de suggestion, aux mains des chefs et des prêtres, en instrument politique.

La subordination de l'amour familial à l'amour de la Patrie, contraire à la nature, sophisme et moyen d'oppression politique, est la raison secrète des sceptiques, contre les progrès de l'altruisme. Le sentiment n'est jamais une invention théorique ; il naît dans l'esprit et se développe avec l'esprit.

Si cette idée était vraie, elle aurait une conséquence dont il faudrait tenir compte, dans les rapports de la famille et de l'état: le patriotisme et l'amour de la famille ne sauraient se trouver en divergence, par cela même que le premier présuppose une forme supérieure d'altruisme. On ne saurait concevoir une société nationale, dominée par un sentiment de haut patriotisme, qui imposerait le sacrifice de l'autre sentiment, plus simple, plus élémentaire, plus affectif. Pour ce mobile profond et intime de la nature humaine, enraciné dans notre corps et dans notre esprit, l'intégrité et l'indépendance de la Patrie ne sont que des conditions de la vie en société : l'intérêt qui les crée ne se transforme en affection que comme développement de l'affection pour la petite société familiale. Le travail et la lutte pour la famille est la règle de vie de la généralité des hommes ; le travail et la lutte pour la Patrie, le cas exceptionnel de quelques minorités ; le travail et l'effort pour l'humanité, un cas encore bien rare.

Si les intérêts généraux renferment quelque attrait pour tout le monde, c'est qu'ils contiennent l'autre intérêt, celui de la société fondée sur l'amour et l'hérédité. La Patrie, ennemie de la famille, qui menace sa sécurité et l'espoir de son bien-être, ne peut pas laisser de représenter, pour des hommes normaux, une image odieuse et révoltante.

La patrie guerrière, la patrie qui pose son idéal politique sur des rêves de lutte et sur le succès des armes, est une patrie qui maintient, dans l'âme des peuples, sur le sort de leur postérité, un problème qu'ils ne peuvent pas résoudre avec les prévisions et les calculs de leur raison ; elle ne peut pas être la patrie de leur cœur et de leur intelligence.

Ce n'est, donc, pas plus vrai de dire que l'aspiration de la paix suppose la suprématie de l'amour du genre humain que de dire que le patriotisme impose le sacrifice de l'amour familial.

Parmi ces créations de notre imagination, aujourd'hui détruites, pour être demain rebâties, la vie refait toujours, avec les faits, la réplique au mensonge de nos rêves ; et les peuples, ne comprenant pas les systèmes, mais souffrant de leur pratique, ne croient plus ni à la politique ni aux gouvernements, pour suivre, timides, la route d'un humble sens commun.

Il faut renverser donc les vieilles doctrines, sans les remplacer par d'autres, également irréelles.

La guerre, tout au contraire de ce qu'en pensent ceux qui la tiennent pour un fait d'instinct et de nature, est une des formes les plus artificielles de nos mœurs. Elle n'est que le résultat de cette conception théâtrale de la vie, de cette image passionnelle des faits sociaux, dont la poésie, le roman, l'art, le droit et la politique ont fait le spectacle ordinaire de notre esprit, réfléchi, par suggestion, sur le monde extérieur, tout comme les autres préjugés et les autres visions de l'homme primitif. Elle est une aberration de notre esprit, semblable à l'animisme, aux « totems », aux « tabous » ; une aberration plus résistante, seulement, parce que, étant un fait plus pratique, plus général et plus variable, elle se nourrit de tous les objets et dans toutes les sources de la vie et de la société : elle est comme le couronnement des autres préjugés et des autres erreurs.

On la croit éternelle, parce que l'on nous croit foncièrement batailleurs ; c'est un des préjugés de notre conscience de convention : l'homme est querelleur et belliqueux par nature. Les vrais représentants de la nature humaine ont été toujours, au contraire, les foules pacifiques et souffrantes des gens de corvée et de travail, les multitudes écrasées par les aristocraties, armées, grâce au hasard et à la ruse, d'outils de guerre plus puissants.

Le déterminisme de la vie sociale n'a pas sélectionné des individus et des groupements définis, au cours de l'évolution.

Agissant sur de fortes masses, par des mouvements violents et formidables, que les forces physiques influençaient puissamment, il a fait de l'Histoire cette longue suite de combats où les élus du succés, gens de proie ou gens de ruse, ont foulé aux pieds, dans l s foules, les belles moissons d'hommes de cœur et d'hommes d'esprit.

Et puisque dans cette succession de poêmes et de romans vécus, la raison n'avait pas voix, il n'y avait pas de place dans les esprit pour les problèmes de la vie. C'est pour cela que la lutte enfantait d'autres luttes ; que la paix entre les peuples portait en son sein la guerre civile. Ne connaissant pas ses intérêts, l'homme ne songeait pas à leur donner des solutions, ne savait pas même les poser en problèmes. La guerre et les revolutions se rèpétaient ainsi, comme des crises, à chaque excitation nouvelle des besoins. Puis, les systèmes se sont chargés de légaliser cette conception théatrale de la vie.

Mais elle est si vraie, l'incompatibilité des systèmes et des faits, que les vieux systèmes ne sont pas plus pratiques que les nouveaux. Partout où la politique a voulu transformer en faits, des thèses de doctrine, elle a fait de l'idéologie rétrograde ou de l'idéologie utopique. Et c'est parce que, dans cette inversion de la normalité, qui a créèe dans les esprits cette état permanent d'idéalité dramatique, la paix a prix la position d'un idéal, qu'elle a semblé une utopie, à côté des abstractions les plus transcendantes, des rêves les plus fantastiques. La paix n'est pas, pourtant, une conception métaphysique ; elle n'est pas, même, un simple concept abstrait, tel que la justice, le droit, l'art, ou la science : elle est un état, une réalité constante ; la plus vraie et la plus permanente de toutes les réalités sociales, se poursuivant, à travers la durée, à toutes les heures et dans tous le lieux de notre planète. Ce n'est pas la paix qui est anormale, mais la guerre, qui l'entrecoupe de ses crises et de ses accés.

Il y a une sorte de dêsaccord entre l'évolution de l'animal, dans l'homme, et l'évolution de son esprit. Les interprètes matérialistes de notre vie animale et psychique, trompés par des apparences, et sous l'inspiration du sens commun, ont attribué une influence préponderante, sur le cours de notre existence, aux mobiles de nos appétits et de nos affections. La vérité est, pourtant, tout autre. La vie des instincts, des appétits et des affections se réalise et s'est développée, automatique, matérielle, aveugle, sous l'impulsion de forces dont l'homme ne s'est guère rendu compte, même dans un état avancé de son développement. Les nécessité de l'existence n'ont presque fait object de la pensée humaine; elles n'ont été que des préocupations instinctives, immédiatement attachées à la sensation des besoins. Les problèmes les plus troublants et les plus ignorés de la vie et de la société sont encore ceux qui se rapportent à nos besoins élémentaires, à nos vibrations profondes d'êtres et de vivants.

A côté de cette ignorance de son être réel, l'homme s'est formé, depuis les premières lueurs de son esprit, toute une vie de créations et d'images, de mythes et de légendes, d'inventions poétiques et miraculeuses; et l'atraction des rêves et des mystères a exercé sur son histoire et sur son développement une influence bien plus considérable que celle de ses besoins. Entre la vallée, plane et douce, qui devait conduire à la campagne riche en gibier et en beaux fruits, et la montagne sur laquelle le sorcier montrait, chaque matin, la pierre où demeurait l'esprit créateur d'un élément, l'âme fantaisiste et rêveuse du sauvage préférait e sentier raboteux qui devait l'approcher des nuages et du soleil, porteurs d'eau et de lait, de vie et de chaleur, du « mana » et des bienfaits du ciel, pour tous les croyants... Tout le long de l'Histoire, l'effort de l'esprit tend à se dérober à la réalité : à vivre la vie magique, la vie religieuse, la vie d'art, la vie d'invention.

Ce côté mystique da notre nature, inspirateur des premières découvertes pratiques, a agi, surtout, comme source de l'esprit d'aventure et d'entreprise. L'inconnu, le lointain, brillent á l'œil enflammé du rêveur comme l'anticipation de l'au-delá. C'est une sorte de ciel à la portée des ambitions terrestres. Les premières conquêtes qui n'ont pas résulté d'accidents météorologiques, n'ont été que la réalisation de ces rêves. La poésie épique des primiers peuples en est la preuve.

L'homme commence à peine à descendre le versant de sa montagne de rêve ; il reprend sa vie réelle, sa vie de fait ; et, en comparant ses intrigues chevaleresques avec la misère et les mystères de son corps et de son âme, il s'aperçoit qu'il a vécu à combattre pour des féeries, tandis que le bien se cachait broussailles de sa route. Et la paix est le retour à la bonne vallée...

Nos problèmes vitaux, les doutes qui se rapportent à la vie de l'âme et du sang de l'homme et de l'espèce, les travaux de l'esprit que devraient embrasser l'ensemble de notre existence active, dans cette atmosphère et dans cette trame mobile, animée, vivante et vivifiante, de nos rapports avec les choses, avec les êtres, avec nos semblables, sont des feuilles encore toutes blanches de la plus pratique et de la plus nécessaire de toutes les sciences. Nous ignorons tout ce qui se rapporte au contact de notre organisme et de notre esprit avec les faits ordinaires et les phénomènes anonymes du milieu et de la société et qui forme la souche profonde et substantielle de notre caractère.

L'enveloppe sociale de notre *psyché* a été faite á rebours de notre nature. Notre science, la science académique, est une science de vérités latérales, de connaissances tératologique. L'homme a besoin de se connaitre, dans sa vie normale, dans sa structure et dans son fonctionnemente ordinaire.

Cette connaissance est la première tâche de la paix. Ces problèmes méconnus, ou volontairement relégués, sont les sources de tous les troubles de la société.

La philosophie de ceux qui gouvernent n'est pas une philosophie idéaliste, ni même pas une philosophie réaliste :

elle est simplement une philosophie de convention. Le gouvernement et la direction de la société sont faits par des pensées moyennes, comme l'opinion est faite par des jugements de sens commun.

La guerre existe, elle est acceptée, voilà le fait, la réalité apparente, voilà la seule vérité supportable à des esprits qui s'effrayeraient, devant chaque pas à faire dans la vie, s'il fallait raisonner pour faire un pas.

Cette idée est une notion artificielle; elle ne représente pas la vie humaine, elle ne représente pas la vie de chacun de nous; elle a autant de rapport avec nos existences et celles de nos familles que le beau geste d'un ministre et le discours éloquent d'un député, avec son déjeuner et ses affair.

Le regard que nous jetons sur les choses du monde est encore trop terni par le spectacle intime de nos illusions et trop troublé par le souvenir de nos craintes, pour que l'on puisse saisir les vérités simples de la science simple et claire de la vie.

C'est cette science qui fait la meilleure réponse à l'objection des négativistes, lorsq'ils refusent tout réalité à la notion de progrés, parce que cette notion présuppose l'idée de «bien» et l'idée de «bien» celle d'un modèle, d'une unité, d'un ètalon de bonheur, de satisfaction, ou de bien-être, impossible de trouver et de formuler. Cette unité existe, pourtant, et elle peut être rapportée, dans son expression la plus simple, au phénomène élémentaire de la «vie», dont les manifestations et les développements, les marches en avant et les rétrogradations, les perfectionnements et les dégénerations, sont visibles et apréciables à l'œil expert du premier horticulteur, du premier éleveur de bétail, d'un bon fermier, d'une ménagère avisée. Rapporter les progrés de la société aux développements de la vie humaine, c'est lui donner une unité symbolique, capable de produire des vues d'ensemble et des analyses d'une exactitude scientifique, cette unité étant décomposable en valeurs certaines, indiscutables.

Il semble, d'ailleurs, de simple intuition qu'il est difficile de se tromper, en Morale, si l'on prend pour critérium, dans la direction de la conduite, non pas le bien, que l'on peut tenir pour abstrait, mais l'intérêt de la vie, de sa vie à soi, de la vie d'autrui. Et sur le pivot, tout simple et tout net, de cette conception pratique du progrès, les développements rationnels et positifs amènent à des conclusions bien plus larges et plus nobles que celles des dogmes et des principes normatifs, détrompés par les faits.

Et cette réduction du bien, du bonheur et du bien-être à son expression élémentaire, nous fait revenir à l'autre réduction des problèmes sociaux : la réduction des opérations et des développements de la société à l'unité individuelle et au composé plus simple de cette unité : la famille. L'œuvre de fondation d'une science sociale doit reposer sur la constatation des réalités de cet ensemble d'êtres et des mouvements qui forment la société dans l'espace et dans le temps. L'individu est son unité élémentaire ; la famille, son noyau plus synthétique.

Dites, donc, à l'homme de sens commun : aimez la Patrie et l'Humanité plus que votre famille ; et, souriant intimement de votre ingénuité ou de votre ruse, il en viendra à se méfier de vous, de la Patrie et de l'Humanité, et ne songera qu'à se défendre, lui et sa famille, de ces sentiments de convention.

Le patriotisme de la Philosophie militariste est un mensonge, ou une duperie, pour la plupart des gens.

La vénération nous rattache au passé, au culte de nos gloires et de nos aïeux, par force d'un sentiment qui n'a rien de commun avec le mysticisme et la crainte, des croyances religieuses de nos ancêtres. Les traditions et les institutions, se perpétuant, à travers l'Histoire, comme des attributs et des qualités subjectives de la race et du peuple, enveloppent la société, comme l'éther de notre vie morale. L'émotion esthétique du paysage aimé nous suit jusqu'au point où s'étend l'horizon du pays natal ou de celui où nous demeurons, jusqu'où nous suivent, tout au plus, le chant de ses oiseaux et le parfum de ses fleurs. Mais nos volontés et nos caractères s'unissent, dans la société, par les liens des mœurs, des lois, des intérêts, des relations de commerce, plus intimes dans chaque pays ; et, surtout, par cette sensation d'entr'aide et d'appui mutuel, ce vaste rapprochement de voisinage moral, prolongement du sentiment domestique, dont il s'inspire et se nourrit. C'est ce sentiment dynamique le sentiment propulseur qui nous conduit, pointant vers l'avenir, vers le sort de notre lignée. La Patrie est, par dessus tout, l'âtre futur des « gens » que nous portons, en semences, dans notre corps. Le foyer de l'homme moderne est attaché à son immortalité génétique, dans la perpétuité de la famille.

C'est sous cette conception réelle de la continuité sociale que la paix reprend sa nature d'état normal de la vie humaine et mondiale, état parfois troublé, mais destiné à devenir durable et définitif, si l'on se dispose à chasser de l'esprit les illusions de la conception théatrale de la vie, à prendre en main les problèmes positifs de l'existence.

C'est sous cet angle que se montre l'absurde préjugé de ceux qui, tout en condamnant, comme la plupart des civilisés, le duel et les représailles physiques entre personnes, nous parlent de l'honneur et de la dignité de la Patrie, sur un ton chevaleresque et héroïque, comme si cet honneur et cette dignité étaient différents de nos devoirs de probité et de civilisation. Cet honneur de convention fut l'honneur pétulant des seigneurs, l'enseigne de la bravoure brutale du féodalisme, l'image de l'orgueil du dominateur et de l'avidité du maitre de la terre et du serf. Le véritable honneur national, l'honneur inaliénable et imprescriptible, ne se répare pas avec du sang ni avec la mort ; il réside dans un devoir plus haut que celui de jouer l'existence dans les parties aléatoires des armes: c'est l'honneur qui repose sur la mission de travail et la conscience de responsabilité envers le dépôt de biens, de civilisation et de prospérité, dont nous sommes les gardiens actuels, et l'avenir est notre créancier.

L'homme contemporain est cosmopolite dans les rapports de famille. Tandis que, dans chaque pays, presque tous obéissent à des préjugés de classe et de race, à des scrupules d'éducation et de position sociale, personne ne repousse l'étranger du sein de sa famille. Chacun de nous est l'ami, par le cœur, et par l'esprit, par des liens plus forts que ceux de la sympathie, de gens qu'il n'a jamais vus, demeurant, parfois, à un point éloigné de la Terre. Chacun de nous est associé, par l'identité d'intérêts, à d'autres hommes, répandus par toutes les régions du monde, adversaires souvent de notre Patrie, tandis que nos compatriotes sont nos concurrents. Les concurrences et les divergences d'intérêts se croisent, sur les cartes géographiques, comme des courants de solidarité et de rivalité, aussi forts que les rapports politiques. Les croyances religieuses et les idées philosophiques, morales et sociales, relient, en associations intimes, des multitudes éparpillées sur la Terre. Les chemins de fer, les postes, le télégraphe, le téléphone, l'automobile, forment un réseau de communications, d'échanges, de correspondance, d'intelligence, pratique, étroit, fréquent, entre des êtres et des institutions de tous les coins de la Terre La sociabilité a déjà introduit l'habitude gracieuse des visites par carte postale...

Pour répondre aux politiciens qui prêchent la paix armée et la guerre, au nom d'intérêts économiques, l'homme n'a qu'à choisir, sur la vaste étendue de notre planète, le coin de terre où la prospérité lui soit promise sans les risques et les souffrances de la guerre. Pour répondre à ceux qui invoquent le patriotisme, au nom d'une aspiration de suprématie et d'hégémonie nationale, il lui suffit de tourner les yeux vers la Suisse, la Belgique, les Pays-Bas, la Suède, la Norvège, le Danemark, le Brésil, vers d'autres pays nouveaux, où le bien-être et les joies de la vie sont fruits d'une prospérité faite sans l'arrière-goût de l'envie et de la haine.

II

Les forces qui poussent le monde vers la solidarité et la paix, en formation au cours du siècle dernier, étaient à peine latentes, ou circulaient dans un petit monde de penseurs et d'apôtres.

La paix n'était pas un problème ; elle n'était qu'une aspiration : un rêve sentimental, pour les âmes généreuses ; une conception de doctrine, pour les théoriciens du Droit. La politique ne s'en occupait pas ou elle s'en occupait à peine comme d'un beau motif oratoire, propre à orner les péroraisons, pour en parler de ce ton de mélancolique regret avec lequel les consciences se déchargent des travaux qu'elles n'ont pas la force ni le courage d'accomplir.

Les premiers pas de l'action pacifiste ont été donnés aux États-Unis et en Suisse ; et cette origine de la propagande a une expression fortement suggestive. Les deux premières vraies démocraties de notre âge, des républiques bâties sur des sociétés vraiments libérales, sans influentes traditions réactionnaires, devaient être, elles aussi, les premières nations à s'apercevoir de l'existence d'une vie et d'intérêts supérieurs à ceux de l'agitation guerrière des états.

Cette vie inaperçue éclata dans les deux phénomènes collectifs plus remarquables de notre âge : le capitalisme et la question sociale; l'internationalisation des finances, de l'argent, du crédit, et l'internationalisation des masses prolétaires et de leurs révendications. Des bourses et des marchés financiers, des ateliers et des manufactures, ont surgi des questions et des problèmes, placés au dessus des divisions géographiques. C'était la manifestation éclatante, et d'une formidable puissance, de la société mondiale et de sa vie supra-nationale.

La politique en a reçu le contrecoup ; et, par un de ces mouvements soudains qui caractérisent la vitesse de l'éclosion des problèmes à notre âge, les idées qui n'étaient que des aspirations, des convictions de penseurs, ou les programmes de quelques rares associations, ont repris la route des cabinets ministériels, ouverte, dans un extase de mysticisme, par le créateur de la Sainte Alliance, passant ainsi du terrain de la doctrination au terrain des projets de gouvernement. Les deux pays signalés au respect de la civilisation comme berceaux des inventions les plus remarquables de l'industrie moderne, et à celui de la culture, comme modèles de presque toutes les constitutions politiques — l'Angleterre et les États-Unis — ont fait de l'ordre mondial le programme de leur politique, suivis immédiatement de la Suisse, de la France et du Danemark.

Si les traités d'arbitrage illimité anglo-américain et franco-américain ont échoué au Sénat des États-Unis, la politique pacifiste des États-Unis et de l'Angleterre n'a rien perdu, en fermeté et en progrès. Ce sont deux pays gagnés à la cause de la paix ; et cette conquête est définitive, parce que ce sont des pays dont tous les intérêts vitaux — concentrés, quant, au premier, dans la puissance et l'énergie de son développement tout fondé sur ses forces sociales et économiques, et, quant au second, par cette situation particulière d'un pays arrivé à son état de consolidation, situation qui lui impose le besoin de s'absorber dans la réorganisation de son immense empire et dans la solution de problèmes qui se heurtent à sa structure traditionelle — leur imposent, non pas seulement d'éviter la guerre, mais d'aspirer à se trouver devant une perspective définitive de paix. Il faudrait attribuer aux anglais et aux américains une véritable ignorance de leurs intérêts pour les croire capables de penser autrement.

Et cet intérêt est encore celui de la France, nation de génie et de culture, d'enthousiasme et de dévouement, capable d'exercer une large influence civilisatrice, mais entraînée, parfois, en des élans chevaleresques, à des entreprises contraires à ses institutions et à ses idéals: souvent détournée de ses buts naturels, faute d'une économie congestionnée de capitaux sans application dans le pays.

Champ de bataille séculaire du monde latin et du monde barbare, foyer principal des luttes de la formation des nationalités, la France en a hérité un penchant guerrier. Premier marché financier du monde, elle est, plus que tout autre pays, exposée aux ambitions, aux intrigues, aux égarements, de la spéculation et des convoitises coloniales. C'est la «pars minoris resistentiæ» de son caractère national ; mais l'esprit français, éclairé et progressif, le caractère honnête et laborieux de son peuple, et, par dessus tout, son éclatante culture, sont des gages solides à l'intérêt de la paix.

Il n'y a qu'une seule, d'entre les grandes puissances, dont l'avenir «semble» dépendre du sort des armes : l'Allemagne.

Placée, avec les États-Unis, à la première ligne de l'avancement et de la croissance, l'Allemagne, exubérante d'énergie, surchauffée de force, d'ambition et de pouvoir, n'a pas encore trouvé la base économique, financière et territoriale de son expansion ; et elle possède, dans son patriotisme, dans son esprit de nationalité et de discipline, dans son armée et dans sa flotte, des instruments imposants d'activité. Est-ce là la meilleure force de ce grand foyer de savoir, de haute philosophie et d'admirable poésie ?

Oui, tant qu'il y aura la paix armée et des menaces de guerre, et tant que, du fait même de la paix armée et de la force de l'Allemagne, les autres puissances auront besoin de garder, envers cette redoutable rivale, l'attitude de méfiance qui, de tous côtés, l'entoure. L'Allemagne souffre d'un élan irrésistible d'expansion, et son meilleur instrument est sa force militaire. C'est un fait, une imposition de la vie, une réalité inéluctable, que, ni les dispositions pacifiques de l'Empereur, ni l'influence du Centre catholique, ni l'intérêt croissant de l'industrie, ni l'obstacle, d'ailleurs considérable, du socialisme, n'auront peut-être la force d'enrayer.

Et ce n'est pas seulement dans cet essor pour se détendre et pour croître que se trouve l'impulsion conquérante de l'Allemagne : cela est l'élément caractéristique de son élan purement national ; mais, en Allemagne, comme chez toutes les grandes puissances, agit puissamment le besoin de formation de capitaux, le principal excitant de l'action de leurs classes influentes. L'Angleterre et la France sont, par excellence, des pays d'importation de capitaux ; leurs colonies à part, et là encore, il ne faut pas oublier que le développement des anglais a plûtot le caractère d'une dissémination de la race que d'un accroissement de la nation, et que le génie colonial français n'a pas encore abouti à réparer les fautes de ses premiers échecs, toute leur activité sur le monde se borne à une action de tirage de capitaux.

Les Allemands, comme les autres peuples qui émigrent, mais d'une façon bien plus considérable que tous les autres, agissent par occupation et par capitalisation. Ils exercent ainsi une double action conquérante. C'est ce que, d'un autre côté, commencent à faire, par un détournement de leur politique nationale et par suite du développement de l'esprit mercantile, certains financiers américains, dans l'Amérique du Sud.

Ce serait puéril que de tergiverser avec des choses qui sont la suite d'une longue élaboration historique. La phase militaire de la civilisation doit éclore en une crise impérialiste de l'Allemagne. Affaire de crise d'âge, et de ce pays et du monde. Mais cette fatalité peut trouver son correctif dans l'esprit de transaction des autres puissances ; et c'est cela que les peuples intéressés à établir la paix doivent avoir en vue. L'Allemagne se jug en droit de croître et, bon gré mal gré, que le veuillent ou non les autres, elle tâchera de grandir. Si les puissances se compénètrent de cette vérité et de la nécessité de mettre le point final au cycle des agitations militaires, une disposition conciliante envers l'Allemagne, pour lui donner sa « place au soleil » dans les régions des peuples barbares et sauvages, dont le manque de civilisation justifie les expansions coloniales, peut être l'assiette d'une stable combinaison de paix.

Si cet accord ne réussit pas, l'Allemagne, l'Angleterre, les États-Unis et la France — les vrais arbitres, à ce moment, des destinées du monde — auront à répondre devant l'avenir, d'une crise mondiale, faite de l'enchevêtrement et de l'excitation de toutes sortes de rivalités politiques, de conflits de ac es, de classes, de nationalités, d'intérêts sociaux et économiques, de suprématie et de soumission de peuples.

Les gens qui gouvernent et ceux qui dirigent l'opinion, paraphrasant les événements avec des aperçus théoriques, des exemples du passé et des coups d'œil de bon sens, ne se sont pas suffisamment rendus compte de la complexité, de l'étendue et de l'intensité que les fluctuations de la vie sociale ont acquises à notre époque.

Tandis que les penseurs, retenus dans le cercle de leur spécialité, ou dans l'angle de leur point de vue, n'aboutissent qu'à des éclaircies partielles sur des aspects de nos problèmes ; que les gouvernements, pris dans les mailles de la routine et de la tracasserie, obsédés de formules, embarrassés par les entraves et les contraintes des partis, se font l'idée que la marche de la société est faite des faits journaliers de la politique et de l'administration, les courants qui soulèvent les couches profondes du sentiment, de la volonté et de la pensée des foules, les problèmes de leurs appétits et de leurs aspirations, remontent et se succèdent, plus énergiques et plus violents, au fur et à mesure que la civilisation se répand et que les rapports humains se multiplient.

Sous les mêmes étiquettes où l'on a toujours classé les problèmes, l'humanité renouvelle aujourd'hui le vieux thème de son éternel débat sur le droit de vivre et le droit de jouir. Les sceptiques croient le problème insoluble et ils s'en passent, sur cette fin de non recevoir ; mais, un fait — et le problème de la vie et de son but est le plus positif de tous les faits, ne peut être jamais un problème insoluble, à moins que l'on ne renonce à être rationnel ou à faire intervenir la raison dans les choses pratiques; et, si la vieille question se renouvelle de nos jours, ce n'est que parce que l'on n'en a jamais essayé, que l'on n'en a pas même entamé la solution.

L'Histoire que nous connaissons n'est pas l'histoire des sociétés humaines, la société ne faisant pas d'histoire, puisqu'elle ne se faisait pas elle même. Dans cette trainée d'événements qui fait la vie enregistrée et rapportée dans l'histoire, on ne voit que des meneurs de foules et des noblesses, se battant par ambition, exploitant la faim des uns et répandant partout la faim. Sauf d'héroïques et rapides révoltes, les peuples, c'est-à-dire, plus des trois quarts des hommes, ne se donnaient pas même la peine de penser qu'ils avaient le droit de ne pas mourir.

Partageant avec les guerriers la direction de ces événements, les prêtres et les lettrés ont mis à contribution, dans ces luttes, les valeurs des idées, des conventions et des préjugés de leurs classes et de leurs métiers; les guerres et les révolutions portèrent, alors, des drapeaux religieux, philosophiques, moraux et juridiques: on se battait pour des principes. Le peuple continuait à souffrir la faim et à ne pas en avoir conscience.

Si la faim n'est pas un fait si saillant dans les sociétés contemporaines, les foules incorporées à ces sociétés, ayant appris leurs besoins, se sont tellement accrues que la crise a gagné en étendue, ce qu'elle a perdu en intensité; et, à côté de ces foules, pullule, grouillant et agité, tout un monde nouveau, de toutes les races, presque inaperçu encore il y a quelques dizaines d'années. Et tout ce monde est consciemment guidé par le même sentiment et le même intérêt que les paysans du XVIIIe siècle n'osaient pas même s'avouer: tout ce monde veut vivre et se juge en droit de jouir. Tout en se laissant conduire, dans les révolutions, sous la bannière de beaux programmes, ce que ces gens s'empressent de présenter aux guichets, les jours de victoire, c'est toujours le crédit d'une bonne place, ou celui d'une bonne affaire.

Les sociétés se forment d'après leurs modèles ; et, si les idées prônées par des gens qui ne les exécutent pas, sont bonnes à inspirer des discours et à exciter les luttes, les victorieux de tous les partis prennent pour modèles les nobles oisifs qu'ils remplacent. Le petit rentier et le milliardaire de Wall Street reproduisent, sous de vêtements modernes et avec des manières plus discrètes, la vieille comédie des châtelains et des écuyers. . .

Etagée par les privilèges de la succession héréditaire, et par les grosses fortunes de spéculation et de valorisation, la société est un modèle permanent d'ambitions faciles et d'assauts à la richesse. On ne veut plus produire, on méprise la campagne ; tout le monde recherche les villes : les industries, d'abord, le commerce, ensuite, et puis. . . le milliard !

La cause des troubles et des crises du passé, ayant été le despotisme des aristocraties titrées sur le droit du plus fort et sur la tradition, l'organisation politique et sociale de nos jours ne fait que remplacer cette noblesse par l'aristocratie de l'argent, en en ouvrant l'accès à tout le monde et en donnant pour modèle aux ambitions les procédés les plus hardis de concurrence.

Le rehaussement des gens, mésuré par l'argent et par le succès des plus audacieux, est tout le contraire de la démocratisation par en haut, l'idéal des bons esprits. Celle-ci ne peut être bâtie que sur la sélection sociale d'après la culture.

Et ces faits sont l'œuvre de l'État et de son organisation juridique. Ayant trouvé des institutions faites à l'image et pour le profit des classes supérieures, l'état moderne les a fait surmonter de ses principes individualistes et démocratiques. La force de ce droit, d'un côté, et l'interprétation de l'individualisme, de l'autre, dans le sens favorable à la prédominance du capital, ont maintenu le contraste des classes, en en aigrissant les rivalités. La preuve en est dans le relatif succès de la législation sociale de quelques pays, malgré le caractère socialiste de cette législation, où le désir de calmer les agitations ouvrières, plutôt que celui de rendre sa place au travail dans le jeu des forces économiques en embrassant l'ensemble du problème social, rend les mesures insuffisantes.

Entre le luxe des arrivés et la pauvreté du grand nombre, il n'y a plus de frontière pratique ; et l'ambition des audacieux coudoie l'amertume irritée des déçus et l'avarice, en sursaut, des vainqueurs. La vie sociale, s'en étant repliée, montre les couches ensevelies des appétits humains. Cette grosse affaire de notre temps est commune à l'Angleterre et à la Chine, pareille aux États Unis et en Egypte.

Ce problème générale enveloppe toutes les questions qui s'agitent dans la politique des nations et dans la politique internationale ; et le sort des nations et de leurs aspirations dépend de ce qu'elles sachent se placer sur ce courant, en prévoyant les crises et en suivant les développements, non pas dans chaque pays, ni dans chaque affaire particulière, mais dans l'ensemble du mouvement humain. Le sort des colonies anglaises, par exemple, dépend bien plus, aujourd'hui, de la direction des tendances sociales et économiques du monde que de la plus savante organisation de l'Empire Britannique.

C'est une erreur de croire qu'il est possible à une seule ou à quelques grandes puissances de s'isoler et de disposer de leurs destins et de ceux d'autres pays, comme les puissances dynastiques du passé. La conscience des sociétés devient plus forte que l'autorité de leurs pouvoirs politiques et chaque perturbation de l'évolution sociale porte en elle même sa sanction et son correctif, tout en troublant, d'ailleurs, la marche naturelle des choses.

Sur le fond menaçant de ce problème, l'incapacité, l'insouciance, la légèreté, les préjugés, l'intolérance, allument et irritent des compétitions religieuses, ethniques, morales, politiques...

L'intransigeance d'un systématique borné, la cupidité de quelques boursiers, l'ambition d'un politicien, sont parfois redevables des plus graves conséquences. Il n'y a pas de force capable de permettre à une seule nationalité de diriger, par ses seuls efforts, la politique de ces problèmes.

L'impuissance de cette attitude partielle et de ce point de vue traditionnel, en face des événements, est un fait vérifié à notre époque. La diplomatie et la force de l'Allemagne, de l'Angleterre et de la France ont dépensé une énergie considérable pour aboutir à la demi-solution, encore oscillante, de l'affaire du Maroc. L'ambition d'influence sur la Méditerranée et l'entrain expansioniste de l'Italie, irrités par l'insuccès de l'irrédentisme et aidés par la plus heureuse alliance de toutes les énergies nationales : l'église, la noblesse, la banque, les prolétaires, voire même, les socialistes, ne parviennent pas à donner aux armes, pourtant braves, des italiens, que des victoires de *guerillas* sur le vilayet tripolitain.

De même, la force morale des puissances vient de recevoir le démenti le plus frappant à l'efficacité de leurs efforts pour la pacification, en face des troubles de l'Orient. La rivalité des races et des religions, nourrie, pendant des siècles, par les intrigues ambitieuses des empires, a fini par produire entre les peuples balkaniques et la Turquie la lutte inévitable qui devait étancher les haines dans les vides ouverts dans le vaincu.

L'âme des peuples est portée d'un autre côté que celle des gouvernements ; et cette âme poursuit sa route, attirée par les deux pôles de ses deux anciennes directions : l'idéal et les besoins. Détourné par le surnaturel, par le miracle et par le fantastique des cosmogonies, des mythes et des cultes, l'idéal est encore égaré par des conceptions de pure invention, des modèles dogmatiques, des systèmes philosophiques tout faits, ou d'éthiques combinées avec les faits, mais non pas adaptées aux faits ; et les besoins sont pressants, violents, impérieux.

Ce sont eux, ou leur idéalisation, parce qu'il faut se rendre compte qu'il n'y a rien dans la vie qui ne soit susceptible d'idéalisation, qui se montrent en modèles, et qui imposent leurs luttes, leurs victoires, leurs passions, leurs joies, leurs séductions, à l'admiration, à l'ambition, à l'émulation et à l'envie, du grand nombre. Le spectacle frappant de notre âge est celui du contraste des grandes fortunes et de la misère ; son état psychique, l'aigreur de ce contraste ; le mobile dominant, le désir de l'effacer par la fortune, animé par la certitude de la possibilité et par l'espoir d'y parvenir. A cet espoir, la vie sociale donne, en exemple ordinaire de succès, non pas le travail pacient de la production, mais celui, plus aléatoire, du commerce, des professions libérales, de la spéculation, des affaires.

La morale dogmatique ayant prouvé son impuissance pour refréner les appétits et les passions (et voici une vérité dont il faudrait tenir compte, définitivement, pour en déduire toutes les conséquences) notre culture est trop faible, trop hésitante, plus riche que solide, plus brillante que réelle, pour surveiller et pour endiguer la marée des aspirations populaires.

Cette marée, montante à l'attrait de la magnificence de la vie du grand monde, irritée par le contraste, renouvelle, dans toutes les sociétés, le vieux problème, dans sa forme franche et avouée, et ceux qui gouvernent ont à choisir entre donner la solution au problème, ou à le voir éclater dans la grande révolution.

Dans ce paroxysme, l'avenir risque d'être bouleversé par trois courants également dangereux. D'abord, les faits spontanés de la société, somme totale des appétits, des sentiments et des pensées de tout le monde, tout homme, comme toute société, n'hésitant pas à se placer en arbitre absolu, dans le temps et dans l'espace, des destinées de la Terre et des autres hommes. La force, à sont tour, ne peut aboutir qu'à allumer la guerre. La possibilité, enfin, peut-être, le péril le plus redoutable, d'une nouvelle poussée mystique, où, sous de vieux symboles et des mythes surnaturels, ou bien sous la couverture de conceptions scientifiques, le principe d'autorité spirituelle et du dogme et le despotisme des jugements préétablis prendraient la place des solutions dictées par l'étude rationnelle de la nature, seules capables de conduire l'humanité à son but.

Jamais, dans l'Histoire, la société n'a autant montré qu'elle ne peut se passer d'être gouvernée; jamais, la nécessité de gouvernements forts ne s'est tellement imposée; mais cette force doit être doublée d'une haute autorité rationnelle et scientifique ; et elle demande impérieusement la création d'un centre mondial permanent, limité mais suprême, de contrôle, de surveillance, de conseil, de solution et de direction.

L'établissement de ce pouvoir demande la paix ; la paix en est la condition : il faut y aboutir, puisque les souverainetés politiques sont incapables de donner solution aux problèmes et d'en contrôler les développements.

La seule constatation de ce fait que l'ambition, généralisée dans les masses, porte sa limite mécanique en elle même, étant impossible à la totalité des hommes ou à des fortes majorités, de les satisfaire, montre que le problème est soluble. Les propres faits de l'universalisation des possibilités et de la généralisation des capacités, rabaissent, d'un côté, le niveau social et donnent, de l'autre, à ceux qui dirigent, l'idée-force, d'une efficacité intuitive, pour faire les convictions et pour emporter la soumission.

Cette conviction et cette soumission seront faciles, à l'aide, d'abord, d'une organisation mondiale qui entreprenne la solution pratique des problèmes généraux, et, ensuite, d'un travail de direction des consciences sur la base d'une éthique fondée sur la connaissance de la nature humaine, comme énergie et comme productrice d'énergies.

La Morale humaine remettra alors l'idéal, avec toute la richesse de la substance et tout l'éclat de la forme, à sa juste place dans la vie, non pas comme tendance, parallèle ou divergente, des besoins, mais comme symbole de l'objet final des désirs : le but extrême, dans l'avenir, atteint par une ligne droite, ayant pour point de départ un sentiment humain.

L'IDÉE DE LA PAIX ET SON ÉVOLUTION

L'idéal cosmopolite a toujours existé, envers la paix et l'organisation du monde, dans le sentiment et dans la conception de l'humanité.

On ne saurait mettre en doute que le désir de la paix n'ait été l'aspiration constante, bien que contenue et réprimée, des foules anonymes, écrasées au cours des âges sous les chevauchées d'invasion et piétinées par les phalanges des conquérants. Les migrations primitives, occasions probables, entre un petit nombre d'autres, des premières guerres, ne révèlent pas le propos d'aggression à force d'armes ; elles représentent, plutôt, une succession de fuites, de retraites, d'exodes de peuples, poussés d'abord par des accidents physiques, transformés, ensuite, en persécutés et persécuteurs, par force de la vie inculte en des milieux ignorés.

Lorsque ces peuplades ont trouvé, chez les poètes, les apôtres et les philosophes humanitaires, les interprètes de leurs sentiments et de leurs douleurs, l'idée de la paix s'est formulée en des mots qui rivalisent avec les formes les plus éloquentes de la pensée moderne.

Elle a jeté des racines dans la partie la plus fertile du cerveau humain.

Les peuples entièrement isolés, protégés par les montagnes et par les cours d'eau, par la mer ou par les marais, des incursions des nomades des plaines et des « steppes », comme les Esquimaux des régions arctiques de l'Amérique, ne connaissaient pas la guerre, ou ne la pratiquaient pas entre leurs groupements, ce qui prouve que d'autres mobiles que celui d'un penchant naturel à l'hostilité sont les causes des premières luttes armées.

La conscience de l'a normalité de la guerre est attestée par cette confession d'un Peau Rouge au voyageur Léhontan: « Les chiens valent mieux que les hommes ; quelle que soit leur nation, ils ne se guerroient pas ».

Les egyptiens, le peuple de civilisation plus classique et plus fidèle aux traditions, avaient une nature pacifique ; ils n'ont fait la guerre de conquête qu'à un âge avancé de leur existence. La légende de l'« Abandonné », perdu, en voyage vers les mines d'Hunen, et reçu, dans l'île du Double, peuplée de serpents, par le serpent-roi, qui l'entoure d'égards et le renvoye en Egypte, chargé de cadeaux pour Pharaon, n'est qu'une épopée à l'hospitalité.

La conscience du Droit est attestée dans le Code de Hammurabi, loi faite, dit l'inscription de son monument, « pour détruire le méchant et pour que le fort ne supprime pas le faible ». L'histoire de Babylone, à l'époque des Sumériens et des Acadiens, offre, encore, d'autres exemples de douceur des mœurs, en opposition à ceux des Assyriens, des Persens, de presque tous les peuples, Sémites, ou d'autres races, de l'Asie Occidentale. Dans la « Descente d'Ishtar à l'Hadès », Allatu, maîtresse du monde, après avoir contenu son ennui en apprenant que sa sœur était à la porte de son royaume, ordonne qu'on la conduise et qu'on la traite « d'aprés les anciennes lois », mots qui s'accordent à la légende, presque universelle, d'une vie primitive, la vie en Paradis, où l'homme a vécu inspiré de sentiments de candeur et de sainteté.

Les idées d'égalité des hommes, de fraternité entre indigènes et étrangers, d'injustice et de cruauté de la guerre, sont exprimées dans presque toutes les philosophies et religions.

Que signifie-t-elle, dans le symbolisme de Zarathoustra, la victoire finale de Ormuzd sur Ahriman, sinon que le règne de la paix doit couronner la suppression définitive du mal?

Dans l'Inde, le Code de Manou prescrit « le respect et l'amour pour tous les êtres animés », conséquence du dogme « de la vie universelle, répandue dans la nature ». Ce principe, dépouillé de l'animisme et du panthéisme de toutes les conceptions spirituelles des Hindous, renferme la première esquisse des idées d'unité mécanique et de continuité évolutive de la Terre et de ses habitants. Ses applications comprennent, depuis la vie de l'homme et des animaux, le corps et la santé, le respect à la dignité, à la faiblesse, à la pudeur, usqu' à la vie des végétaux.

Les maximes de Confucius et de Mencius sont imprégnées d'un esprit d'amour pour le prochain d'une si haute inspiration qu'on les croirait sorties de la plume d'un moraliste moderne.

Le manichéisme condamne la guerre, comme toute destruction de la vie.

Dans le christianisme, l'idée de la paix peut être considérée un article de Morale pratique et un véritable programme. Pour le Christ « la paix devait régner parmi les hommes » ; ils devaient s'aimer les uns les autres; ils devaient aimer leurs ennemis. Isaïe a prévu la paix universelle: « Un prince viendra qui renversera l'arbre de la discorde ; les peuples feront des charrues de leurs glaives et des pioches de leurs lances ».

L'Église a combattu la guerre, en la déclarant indigne de l'homme et propre seulement aux bêtes, jusqu'à Constantin. Ainsi s'exprimaient les pères de l'Église : Clément d'Alexandrie, Tertulien, Origène, Lactance : « Nous sommes les enfants de la paix, en Jésus-Christ ».

On a affirmé que la Grèce n'avait pas le sentiment de l'égalité humaine, qu'elle n'a pas connu la notion de la paix internationale. L'affirmation se rapproche de la vérité à en juger par les paroles de ses philosophes, de ses moralistes et de ses poètes. Socrate, Platon, Aristote tenaient à la guerre, comme fait de la nature et comme droit du plus fort. Il faut invoquer les stoïciens et les cyniques pour retrouver des signes d'un idéal de fraternité humaine, dit-on[1].

La civilisation hellénique est rattachée, dans l'opinion universelle, à l'apologie de la force et de la lutte, du droit du plus fort et de l'abus impitoyable de la victoire. Le patriotisme était, pour les Grecs, la forme la plus large de la solidarité sociale et ce sentiment se resserrait encore dans l'amour pour chacune des petites villes souveraines.

Mais cette réserve des penseurs n'a pas la portée morale ni sociale qu'on lui emprunte : elle n'est que le reflet, dans l'intelligence grecque, si pénétrante et si rusée, de la pression d'une nécessité politique. Pour ce peuple fort et intelligent, qui a atteint, pendant la courte période de quelques siècles, le sommet d'une civilisation vouée à la beauté de l'homme et de la nature ; qui a réalisé toute une existence consacrée à la gloire de la force et au culte des sens, à l'extase apollinienne et à l'ivresse dionysienne ; chez qui le génie humain a développé le maximum d'intellectualité et de sens esthétique, son territoire était un îlot de culture, un Éden de grâce, de richesse et de poésie, resserré et pressé par une multitude de tribus et de nations barbares.

Pour ce monde d'élus, la seule politique possible était celle de la défense permanente, de l'exclusion intransigeante, de l'hostilité. Un mot, un geste, un jour de défaillance, vaudrait peut être la perte d'une qualité du caractère, un commencement de fusion ou d'invasion : ce serait endommager la pureté de ce joyau sans tâche de l'Hellade.

Le philosophe, le poète, le moraliste, devait ménager ses paroles, les leçons et les suggestions données au gros public. Le contrôle de la fidélité nationale était une nécessité impérieuse, de salut public, à bien de la conservation de la race, des nations et de la civilisation. Ces petites républiques, pulvérisées sur ce territoire, sous la menace toujours des légions

---

(1) Emile Faguet — *Le pacifisme*.

du « Grand Roi » et des autres barbares, dilacérées par des guerres intestines, ne se conserveraient pas indépendantes, si elles n'étaient pas maintenues en éveil et en garde, par un appel constant au patriotisme. Et les sentinelles du civisme ne se permettaient pas des théories humanitaires en ces temps où les partis et les grands hommes s'échangeaient, dans l'*agora* et dans les assemblées politiques, les charges de venalité et de trahison que Démosthène et Eschine ont perpétuées dans leurs discours.

L'Histoire est toute pleine d'exemples de ces transactions de conscience qui imposent aux esprits les plus forts la renonciation aux convictions. Mais la vérité profonde et intime est que le cœur grec était sensible à l'affection humaine, que les grecs avaient conscience de l'égalité des hommes en face de cet ensemble de caractères et de ce niveau spécifique de supériorités et de limitations qui nous font nous reconnaître comme semblables, et qu'ils ont prévu que l'homme marchait vers un avenir de paix. S'ils n'ont pas appliqué formellement ces sentiments et ces idées en leurs rapports avec les autres peuples, c'est que cela serait une faiblesse et une renonciation politique.

Dans les doctrines des sectes orphiques on trouve déjà exprimée, depuis le quatrième siècle de l'ère pré-chrétienne, la parenté de l' homme avec Dieu.

Cette vérité transparait, encore, dans plus d'un concept chez les grands penseurs grecs. «L' homme est né pour la société» ; «la destinée de l'humanité est pour un empire unique» ; « il n' y a pas de crime plus révoltant que l'injustice armée» : dit Aristote. Qu' est-ce, sinon la paix internationale, par l' organisation de l'empire humain ? Platon, discrètement, met dans la bouche d'Hippias, cette incisive profession de foi : «Vous tous qui êtes présents, je vous considère mes parents, mes frères et mes concitoyens — selon la nature et malgré la convention, parce que, selon la nature, le semblable est parent du semblable, mais *la convention, ce tyran de l'humanité*, nous violente souvent contre la nature». La sincérité de la pensée intime est évidente, sous le déguisement de la citation. Euripide considère «l' esclave honnête l'égal de l'homme libre». «Quiconque ne respecte pas le Droit, soit-il le fils de Zeus lui-même ou d'un autre encore plus illustre, appartient, pour moi, au monde des vilains». «Il s'en fallait de peu, dit un écrivain (1), pour que les barrières de la nationalité ne fussent renversées et que l'on vit surgir l'idéal du cosmopolitisme, trouvé, dans toute son ampleur, chez les cyniques». Platon et Aristote combattent, enfin, la doctrine de Lycurgue, parce qu'elle se base sur le principe exclusif de la préparation pour la guerre. La bravoure militaire n'est pas la première vertu du citoyen ; la guerre de ville contre ville conduit à la guerre de village contre village et à la guerre de famille contre famille ; à la guerre, enfin, au fond du cœur humain...

Malgré la prudente réserve et le patriotisme exclusiviste que la «raison d'état» imposait aux Hellènes, et l'effort de leurs penseurs pour renforcer le militarisme, le mot d'Aristote, dans la «Politique», lorsqu'il discute l'organisation constitutionnelle de Lacédémone, est extrêmement suggestif: «Quel avantage auront les travailleurs de supporter la domination des guerriers? Quel intérêt les portera à les supporter?» Le génie du philosophe qui, dans sa conception de l'art de gouverner l'état, avait compris que la politique est un art empyrique, inséparable de la vie réelle, n'a pu se dérober à l'évidence du fait, déjà existant, de la révolte des travailleurs contre l'organisation militaire. Et il passe à discuter les moyens d'adoucir les charges du militarisme et à exposer les moyens employés, chez les crétois, pour concilier les deux classes.

Toute l'œuvre d'Aristophane est une suite d'hymnes et d'invocations à la paix. Eschyle, le poète-héros, dont le pas-

(1) Gomperz — Les penseurs grecs.

sage sur la terre d'Athènes a projeté le double reflet du génie tragique et du laurier des batailles, a vu le signe d'un jugement de Zeus dans les victoires de Marathon, de Salamine et de Platée, plus fort que le seul zèle pour le sort de l'Hellade. «Toute injustice, a-t-il exclamé, échoue dans l'écueil du Droit.» Devant la victoire de la fragilité grecque sur le colosse perse, il a reconnu l'énergie de la force morale qui chevauche et qui dompte la masse brutale des organismes. «Quand la force — et cette force était toute dans les quelques centaines de Marathon et les milliers de Salamine — et le Droit tirent ensemble, il serait impossible de voir un plus bel attelage.»

C'était la justice constructrice du progrès s'efforçant à faire survivre, dans cette poignée de braves, les graines qui devaient reproduire et multiplier des souches meilleures d'hommes pour cette œuvre indéfinie de perfection — l'idéal des rêves de tous les mythes, dans la vie au Paradis — vers laquelle l'histoire montre la marche de notre pensée, comme un lent pélerinage. Le sang des Grecs d'Eschyle, reconnaissons-le, pour la tranquillité des trois quarts de l'humanité condamnés par les justiciers du sélectionisme armés du compas anthropométrique — n'a pas participé directement à cette œuvre, par leurs lignées, disparues, ou effacées, dans l'ombre de l'Histoire ; mais ces grandes victoires ont permis d'accroitre les œuvres d'art, et de transmettre à l'avenir l'héritage des pensées et des monuments, qui nous sont arrivés, à travers la civilisation romaine et le moyen âge, comme les premières sources de la philosophie, de la science, de l'esthétique et de la politique.

Pour Epicure, la paix est la première condition de l'existence, la source du contrat signé entre les hommes pour la satisfaction de leurs besoins ; il reconnait la réalité du progrès, et, avec le progrès, le développement de ce contrat d'entr'aide. C'est le principe de tous les épicuristes. La paix d'Épicure était la paix de l'âme, la paix de l'esprit ; mais, pour l'obtenir, il fallait réaliser la paix matérielle, la paix avec les autres hommes. C'est la même pensée retrouvée, plus tard, chez Lucrèce, qui, de l'état sauvage de la nature, arrive, par l'intermédiaire des idées de contrat et de progrès, à l'état de société et de paix. Cette idée, transformée plus tard par l'utilitarisme, est le fondement de la conception sociale de Hobbes; de d'Alembert, qui voit dans l'intérêt même de l'homme, la raison de préférer la famille à soi-même, la Patrie à la famille, le genre humain à la Patrie, arrivant, par cette succession, à « l'amour universel », « esprit de la vertu »; de d'Holbach; de Saint Lambert, qui, dans le « Catéchisme Universel », professait: « La nature nous défend de rendre à notre Patrie des services que nous croyons funestes au genre humain ».

Revenons aux cyniques, sans nous laisser arrêter par le préjugé, dont l'animadversion des philosophes leurs rivaux et, ensuite, la caricature plutôt que la critique, ont entouré ces penseurs, types de vertus rigides, qui, ayant vécu avec le peuple, sont les meilleurs interprètes de leurs sentiments, de leurs plaintes et de leur idéal. Il est probable que, dans un futur bilan de la mentalité grecque, l'on vienne à rendre justice à ces « philosophes du prolétariat », au fur et à mesure que la victoire des idées les placera entre les précurseurs, comme l'évolutionnisme a restauré les figures d'Anaximandre, d'Anaximène, d'Héraclite, d'Empédocle et de Lucrèce. Diogène, le « citoyen du monde », enseigne la suppression des barrières qui séparent les hommes, telles que les différences de classes et de nationalités, les privilèges du sexe. L'assimilation des barbares aux Hellènes est prêchée par Eratosthène et par son maître Ariston, stoïcien fortement imprégné de cynisme. Professant, d'emblée, l'égalité des hommes et le gouvernement absolu, les cyniques ont été les inspirateurs de l'Empire Universel d'Alexandre, disciple d'Aristote, mais détourné de la doctrine du maître, pour réaliser la fusion des Hellènes avec les Orientaux. On ne saurait trouver une plus forte preuve de l'efficacité d'une doctrine philosophique.

Les stoïciens grecs, avec leur principe d'unité du genre humain, déduit de la loi plus large de l'ordre universel, de l'harmonie de toutes les parties de l'Univers, portaient un programme de cosmopolitisme et de paix : ils prêchaient la République Universelle. Apollonius ne faisait que répéter leur credo, en professant : « On doit avoir tous les hommes pour des amis et des frères, dans la famille de Dieu ».

Les «thiasoi» helléniques, fraternités de culte qui ont précédé les premières 'associations chrétiennes, ignoraient les barrières de caste, de tribu et de cité, acceptant, en principe, l'identité religieuse des hommes (1).

En Épire, petit royaume à demi-barbare, lié à l'Hellade par son influence sur l'oracle de Delphes, ayant quelques colonies parfaitement grecques, plus grec que la Macédoine, est né Cyneas, disciple de Démosthène, confident et ambassadeur de Pyrrhus, le premier conseiller qui ait osé, peut-être, prêcher à son maître la supériorité de la paix; propagateur à Rome des idées d'Épicure, et qui, toute sa vie, pendant les guerres de son roi, fut l'avocat infatigable de la paix et le négociateur avec les gouvernements étrangers. On a fait, plus tard, de son nom, le titre d'un projet de paix générale.

Tandis que la Grèce évolue par division, multipliant le nombre de ses petites autonomies, qu'elle affaiblit la nation au profit des villes, Rome se développe par absorption, par incorporation — par épigénèse, dirait un naturaliste. L'esprit du génie grec est dans l'individu, dans l'indépendance, dans la culture ; celui de la civilisation romaine, dans l'organisation, dans le droit, dans l'ordre. Rome produit le Droit et l'Empire, reçoit et consolide le christianisme, développe, pendant des siècles, la culture grecque. Son œuvre, sans originalité, est la plus vaste et la plus puissante que l'Humanité aie comtemplée.

---

(1) F. R. Farnell — *The evolution of religion.*

Croissant par alliances, par adoptions, par tutelles, par protectorats, par conquêtes, elle a la main ferme, mais l'âme douce, dans le commandement ; elle impose le gouvernement, tout en respectant les mœurs, les traditions, la religion. Avec sa croissance, grandit également, par le relèvement des populations, la *civis romana*. Le titre de citoyen romain se propage, ainsi, d'une frontière à l'autre, jusqu'à ce qu'au citoyen romain, succède le sujet de l'Empire ; à la « civis romana », «l'orbis romanus.»

Pourquoi supposer que le romain, ayant commencé soldat et l'ayant toujours été, aura fini par s'emprunter l'illusion de la paix romaine, pour se parer de la gloire de la pacification du monde ?

C'est refuser à Rome la nécessité et la logique de son évolution. Rome a fini par fonder la paix, parce que son développement comme nation cohésive, dans sa position géographique et dans son époque, la conduisait à créer un certain ordre. Cet ordre ne pouvait être établi, évidemment, que par la force des armes, mais il suffit de se mettre bien à sa place et dans son temps, pour reconnaitre que les premières alliances de Rome ont été des véritables phénomènes de gravitation politique, ainsi que ses conquêtes, des actes de conservation, en raison de sa croissance.

Entre croître ou être écrasée, dilemme à être décidé par le seul arbitre de l'épée, Rome a grandi, fondant un ordre, qui a réalisé une paix, et une paix profondément libérale, dans toutes ses institutions. Dans sa longue existence, la conception de l'autorité de la paix, fondée sur la fraternité de tous les hommes, a vécu et a trouvé des apôtres, dans les plus hauts interprètes de sa pensée.

Les stoïciens romains restent fidèles aux principes des fondateurs grecs de l'école. Epictète, Sénèque, Cicéron, Marc-Aurèle, professent et s'efforcent de pratiquer la Morale sociale de l'égalité humaine ; ils proclament les droits des peuples et des nations étrangères.

L'étranger, le barbare, l'affranchi, le mercenaire, l'esclave, peut être un homme et le citoyen ne pas l'être. Le savant, qui est le seul roi, est aussi le seul citoyen. N'était-ce pas renverser tout le système du monde ancien, que de chercher le titre d'homme en dehors du droit de cité ? demande Paul Janet (1) ; et il ajoute :

« Un autre principe stoïcien conduisait aux mêmes conséquences : le principe de l'unité du genre humain, principe qui repose sur un autre, plus général encore : celui de «l'ordre universel et de l'harmonie de toutes les parties de l'Univers ».

Le culte de la Paix Romaine, l'idée d'une grande démocratie, organisée sous la tutelle de Rome, dit Renan (2), était au fond de toutes les pensées, à la fin du Ier siècle.

Térence grave la sentence de l'égalité humaine : «Homo sum et nihil humani a me alienum puto». Antonin regardait avec aversion l'emploi des armes. De même, Marc-Aurèle, qui écrivait, songeant à ses propres batailles et victoires : « L'araignée est fière d'attraper une mouche ; celui-ci se réjouit de chasser un lièvre ; cet autre de tuer un sanglier ; d'autres, enfin, de vaincre les Sarmates : au point de vue des principes, tous des bandits ». Vespasien fait bâtir un temple à la Paix. Les « Fetiales » et le «Jus Gentium» sont tout imprégnés de la conscience d'un droit, non pas seulement de l'étranger, mais des nations étrangères.

Cicéron, pour qui l'homme doit être aimé comme étant notre semblable, et non pas seulement en tant que citoyen, reconnait le Droit Naturel, qui ne vient pas de l'Édit du Préteur, ni de la Loi des Douze Tables, mais *ex intima conscientia*. De la raison commune à la loi commune, de la loi commune à la loi universelle, il arrive à la conception de

---

(1) Paul Janet — Histoire de la science politique.

(2) E. Renan — Les origines du christianisme, vol. II.

la justice pour l'ennemi, au respect des nations ennemies, à la conclusion de la guerre, lorsque la paix ne présente pas de risque.

Marc-Aurèle est la figure la plus saillante, le médaillon le plus représentatif de la Rome païenne. Empereur et philosophe, il concilie l'intérêt et l'ambition de sa patrie avec la même pondération qu'il s'emploie, au fond de l'âme, pour équilibrer la philanthropie du penseur stoïcien et les devoirs du soldat; il fait la guerre en homme d'état, non pas en conquérant. Son empire est presque un empire constitutionnel, avec plusieurs conseils de gouvernement, officiels et officieux, tels que le Sénat et le cercle des philosophes ses amis, d'où sa bonté et sa modération parviennent toujours à faire sortir l'inspiration d'une action bienfaisante.

Dans son règne et dans sa personne, se fixent nettement les courants qui portent les événements : la vague des sentiments et des idées et la vague des besoins et des intérêts; la force morale et la force politique; le séculier et le spirituel; la pensée et la volonté; l'idéal et la réalité. De cette convergence de facteurs, résultent une conception et une action pratiques, qui se fondent dans la formule de l'opportunisme. On sent déjà que les deux tendances qui équilibrent les mouvements de l'humanité ne sont pas opposées, mais, à peine, que le facteur « idéal » est toujours un peu en retard.

L'homme devait marcher vers le Droit, sous le joug de la force. L'idée d'empire contenait en germe, sous la lie de l'ambition personnelle et de la violence, l'élaboration de l'ordre. Pour cette nation vigoureuse et active, l'aspiration de l'Empire était l'expression politique de l'idéal de l'unité du genre humain. La politique d'Alexandre fut, avec tous les excès d'un tempérament morbidement exalté, une politique d'ordre, où se trouvaient fusionnées les pensées de toutes les philosophies grecques: l'unité de l'Empire et le droit de la force d'Aristote; la tolérance des stoïciens envers le barbare, portée jusqu'au désir d'assimilation, frisant même la préférence. En Marc-Aurèle, figure saine, la politique est consciente et équilibrée. Celui-ci avait une science et un art, dans la direction de ses actes.

« L'homme doit vivre selon la nature, pendant les jours de vie que lui sont donnés sur la terre ; et lorsque le moment arrive de s'en aller, se soumettre avec douceur... Tout ce qui te convient, me convient, ô «cosmos»! Rien n'est prématuré, rien n'est hors du temps, de tout ce qui naît, grâce à ta force. Je fais mon fruit de ce que portent tes saisons. Tout vient de toi, tout est en toi, tout est en marche vers toi.

Cité de Cécrops, je t'aime !, a dit le poète : pourquoi ne pas dire aussi :

Cité de Jupiter, je t'aime ?

Homme, tu as été citoyen de la grande cité ! »

Ces mots renferment la parole de la philosophie et la parole de la pratique ; la théorie et l'art ; les prescriptions de la Morale et le sens de l'utile ; ils résument les lois de la science et les leçons de l'expérience : ils sont le verbe de la politique.

Dorénavant, les deux courants qui enveloppent les forces progressives de l'évolution ne disparaitront plus.

Le christianisme continue à faire, dans les masses populaires et dans la société des unilatéraux d'orientation morale, « les vrais savants, d'après Mencius, parce qu'ils gardent la candeur du premier âge », l'œuvre de la régénération intime. Mystique et pratique, il élève par la foi et soutient avec l'espoir ; mais lorsque son idéal marche de pair avec les ambitions et les intérêts, il produit, avec Constantin, une nouvelle forme d'impérialisme. Présidant le concile de Nicée et christianisant son titre de « Pontifex Maximus », il s'arroge, pour la première fois dans la Chrétienté, la prétention de concentrer dans une seule main les deux puissances de la politique humaine : le pouvoir des consciences et le pouvoir des actes. C'était encore, en somme, une aspiration hâtive de paix, par la réunion de l'idéal et de l'ordre.

Au moyen âge, dominé, d'abord, par le duel de l'Église et de l'Empire, l'illusion de l'ordre par la domination universelle trouvait assez de force dans le besoin de paix, et plus d'attraits encore dans les ambitions, pour se maintenir, malgré les déceptions antérieures. Les princes et les rois qui ont brigué le sceptre de l'univers ont été presque tous des hommes avides et violents ; quelques uns des Papes ne valaient pas mieux ; mais si l'on pénètre les intentions intimes des deux partis, il est aisé de voir que, sous le ferment des luttes et des ambitions, travaillaient les forces de pensée et d'intérêt qui creusaient lentement, dans les roches des institutions, des affaires et des cultes, le lit où devaient couler les formes futures de la civilisation. La guerre était une fatalité, mais les consciences et les intérêts protestaient à haute voix. La pensée et l'ambition de tous les grands dominateurs d'hommes se traduisent en des plans audacieux et des efforts fiévreux pour faire avancer le mouvement social et pour accélérer les faits, mettant en action toute l'énergie de la volonté et toute la force des armes, sur ces mélanges de peuples confondus. Atteindre, bientôt, la paix, par l'unité du monde, est le vœu des Empereurs. L'aspiration vers l'ordre se servait de l'ambition de l'empire, comme d'une machine.

Le travail des penseurs de l'un et de l'autre côté consiste, pour cela, à justifier la guerre et à la réglementer. Pour servir la cause de l'avenir, les uns et les autres consentent à transiger avec le présent. La définition de la guerre, dans tous les ouvrages, tourne sur cette idée qu'elle est un moyen de réparer l'injustice ; mais la pensée de tous étant celle d'organiser l'humanité sous une seule autorité, l'heure viendrait où toute injustice serait réparée par le chef unique, temporel ou spirituel, du genre humain. Les esprits les plus étroits, les utilitaires soumis à l'idée de la pression de l'égoïsme et de la passion, proposent et acceptent des formules juridiques qui valent par la reconnaissance de l'influence d'une action efficace de la pensée sur la nature brutale des nations, qu'ils supposent — on ne saurait bien comprendre pourquoi — plus incorrigible que celle des individus.

La théorie de la séparation des deux glaives n'eut pas la force de concilier les adversaires ; de l'un et de l'autre côté, la conviction de la nécessité de l'ordre était nettement établie, et la confiance dans la possibilité de fonder une autorité générale, d'autant plus grande, qu'il était difficile, au milieu de toutes ces suzerainetés divisées et subdivisées, de pourvoir à la formation de puissances nationales, capables de se contrebalancer.

Les grands Pontifes : Grégoire VII, Innocent III, Grégoire IX, Innocent IV, et les grands penseurs de la Chaire : Saint Augustin, St. Thomas d'Aquin, St. Bernard, Égyde Colona, comprennent le problème et voient l'intérêt de l'Église; et, par cela même qu'ils veulent l'atteindre. ils s'accommodent aux obstacles : professant le principe de l'unité, voulant embrasser toute l'humanité dans le corps mystique de l'Église et dans le tout œcuménique, ces apôtres doublés d' hommes-d'état visaient à dompter l'empire et à vaincre les infidèles ; mais «la guerre, disait le Décret de Gratien, a pour but la paix ».

Les grands Empereurs, Henri IV et Frédéric II, avec leurs conseillers et leurs jurisconsultes, combattent la Papauté et les petits seigneurs. Ockam, Jean de Jeaudun et Marcile de Padoue soutiennent l'unité et la paix. Ici, encore, si les caractères plus astreints aux réalités du présent et les esprits plus timides ne veulent pas se risquer à considérer tout l'ensemble du problème, la volonté ferme des chefs montre avec clarté leur but. Les Bazilées, à Constantinople, continuent à porter le titre des Césars ; les penseurs d'esprit plus lucide visent au but de l'unité impériale du monde.

Le souci permanent des deux partis est de lutter contre les petits seigneurs et contre les guerres privées : remarquable alliance de pensées, où les deux idées d'empire et de paix se mettent au service l'une de l'autre. L'identité de cet idéal, parfois inavoué, se montre dans les dénominations des temps de paix : « La paix du Roi », « les trèves », ou « la paix du Seigneur ».

A la fin du VIIme siècle, la confrérie des « Frères de la Paix », fondée par un charpentier, prend mission de faire observer la paix. Un Dominicain, Jean de Vicence, convoque, en 1233, un congrès des villes de la Lombardie, où un acte de pacification générale est signé. Dominicains, franciscains, quelques sectes hérétiques, se font missionnaires de la paix. Yves de Chartres, Gerhoc, Nicolas de Cues, prêchent la paix. Les écrivains attribuent au Pontife et à l'Empereur, pour principale mission, de maintenir la paix.

C'est au milieu de ce vacarme, de ces luttes diplomatiques et de ces débats, qu'un vif éclair illumine l'horizon, dévoilant le problème et en montrant la solution : c'est la parole de Dante, dans « De Monarchia ».

Ce livre est le premier essai d'une construction sociologique et d'une synthèse de l'évolution humaine et de ses lois. Il se fonde sur les grandes lois qui dirigent l'entendement universel, répandu dans la multitude du genre humain ; entendement réalisé, non pas dans l'homme isolé, mais dans la totalité des hommes, de même que la matière première prend forme dans la foule des choses générales et individuelles. Le genre humain réalise, ainsi, cette puissance indéfinie qui préexiste en chaque individu en particulier, mais que nul n'exprime en sa plénitude. Pour que l'humanité obtienne la liberté et la justice, il faut que son entendement collectif arrive à la sagesse ; et, de même que l'homme a besoin de repos pour acquérir la sagesse, l'humanité a besoin de paix. La monarchie universelle est l'instrument de la paix, de la sagesse, de la justice et de la liberté.

Une collectivité qui a un but unique a besoin d'un chef unique. Les facultés de l'homme tendent toutes vers un seul but ; l'homme est dominé par une seule force : l'intelligence. L'homme, enfant du ciel, gouverné par un seul mouvement, doit avoir un seul directeur. Partout où il y a possibilité de litige, il faut qu'il existe un juge ; entre plusieurs litigants, il faut un juge suprême. Le monde bien organisé est celui où régne la justice ; la Justice est plus parfaite, lorsqu'elle est l'œuvre de celui qui a plus de bonne volonté et plus de pouvoir. Or, le plus grand obstacle à la volonté demeure dans les passions. Le Maître du Monde, n'ayant plus rien à désirer, n'ayant pas de passions, n'ayant pas d'ennemis, sa justice ne trouverait pas d'obstacles.

De ces prémisses, par des déductions logiques, Dante arrive, avec des arguments politiques et métaphysiques, à la conclusion de l'unité par l'empire ; et, avec des arguments historiques et théologiques, à la conclusion de la prédestination du peuple romain au gouvernement des peuples.

Faisant abstraction de sa méthode peripatétique, de ses arguments théologiques et métaphysiques, il n'est pas possible de méconnaître, dans cette conception, le germe de plus d'une idée de notre psychologie sociale contemporaine. La forme du penseur, parfois métaphysique, toujours large et majestueuse, semble, plus d'une fois, vague et indéfinie ; ses conceptions sont de vastes symboles, d'amples esquisses des idées et des projets en état latent, ou encore confus, dans l'esprit de ses contemporains. On ne saurait s'attendre à trouver dans un ouvrage de cette époque le langage rigoureux et précis employé aujourd'hui pour exprimer les mêmes idées ; mais le livre de Dante a ensoleillé cet âge de ténèbres, et sa lumière jette encore un beau crépuscule au fond des travaux et des recherches de notre temps. Ses idées sont acceptées par Cino et par Bartolo.

Dante symbolise, dans *De Monarchia*, l'état politique du moyen âge, de même que, dans la *Divina Comedia*, l'état moral et religieux. Son livre est un tableau exact de l'esprit politique de son époque ; et sa perspective est toute pleine de cet horizon où se trouvent les idées premières de la politique contemporaine.

Prématuré le projet, utopique sa forme, l'idéal et la pensée ont évolué.

La nébuleuse de la société médiévale se partage en fortes masses, qui se concentrent, peu à peu, en de puissantes nationalités. A l'idée de l'empire succèdent l'idée de concert et celle d'équilibre : le souci de la diplomatie et des congrès est, dorénavant, de résister à toute tentative de suprématie.

Wycliffe et les lallordistes, John Colet, Érasme et Thomas More, avec l'esprit plus libre, dans l'île du Nord, maintiennent l'aspiration de la paix humaine, dans sa forme la moins contingente, la plus idéaliste.

Dans le Droit des Gens, l'école philosophique adopte les principes de l'unité du genre humain et de l'indépendance et souveraineté des nations, cherchant à faire du Droit un instrument de la paix. Vittoria, Suarez, Grotius, Puffendorf, Leibnitz, Vattel, sont les créateurs d'une doctrine profondément humaine, d'une remarquable influence sur la politique de leur temps.

Les hommes de la Renaissance, humanistes et humanitaires, sont partisans déclarés de la paix.

Jean de Vivés, professeur de la fille de Henri VIII, écrit à des Papes et à des Rois, pour leur dire: « Ne dites pas que vous êtes impuissants à établir la paix entre les princes. Ayez le courage de ne pas chercher, comme tant de Pontifes et de savants, des prétextes pour défendre la légitimité de la guerre ». Campanella, dans la *Monarchia Messiæ*, défend la paix, dans l'unité du principe papal.

Aux premiers jours du XVIIe siècle la préoccupation du concert européen et de la guerre aux infidèles conduit les esprits à l'idée d'un accord plus solide ent e les souverainetés européennes. Tout fait croire que le fameux projet attribué par Sully à Henri IV, d'une grande alliance européenne, avec une assemblée permanente de soixante délégués nommés par les nations, est apocryphe ; mais, si Henri IV n'a pas conçu cette idée, ou s'il n'a pas songé à la réaliser, il est probable que les questions de l'époque auront porté des esprits comme celui de l'entreprenant béarnais et de son ministre, à des pensées de ce genre. De toute manière, Sully a imaginé le projet et l'a enregistré, dans les « Mémoires de Henri-le-Grand ».

La publication, en 1623, du « Nouveau Cyneas, ou discours d'État, présentant les moyens et les occasions d'établir une paix générale et la liberté de commerce pour tout le monde», d'Éméric Crucé, prouve que l'idée était dans l'air.

Ce livre, dont le titre rappelle l'ambassadeur pacifiste de Pyrrhus, attribue les guerres aux passions des princes et soutient la possibilité de la paix générale. Une ville serait choisie où les souverains auraient perpétuellement leurs ambassadeurs, formant une assemblée qui jugerait tous les conflits. Si quelque souverain résistait à la décision d'une si remarquable compagnie, il encourrait la disgrâce de tous les autres princes, qui auraient les moyens de le rappeller à l'ordre. Voici, en rudiment, les idées de congrès et de tribunal international, et celle de sanction à leurs décisions.

Crucé propose Venise pour le siège de ce congrès d'ambassadeurs, parce que c'est un état neutre et indifférent à tous les princes. Trait remarquable de ce projet, pour son époque : il embrasse tous les pays, même la Chine, la Perse, l'Ethiopie, les Indes Occidentales et Orientales. Deux personnes en devraient prendre l'initiative : le Pape, dans le monde chrétien ; et le roi de France, devant les infidèles.

Grotius s'inspire visiblement de Crucé, dans *De jure bello ac pacis*. « Par ce que je viens de dire, on voit qu'il serait utile et de quelque façon nécessaire l'établissement entre les puissances chrétiennes d'une sorte de corps, avec des assemblées où leurs litiges se aient décidés par le jugement des autres non intéressées ; et qu'on cherchât le moyen de forcer les parties à se concilier, sous des conditions raisonnables. »

En 1660, le landgrave Ernest de Hess-Rheinfels publie un livre où il propose la création d'un tribunal de la société des nations, siégeant à Lucerne.

En 1665, le célèbre William Penn, le « quaker », fondateur de la Pensylvanie, propose, en son « Essai de paix en Europe, au présent et dans l'avenir », le projet d'un tribunal d'arbitrage.

Le projet, bien connu, de l'Abbé de Saint Pierre, proposait « l'alliance perpétuelle des nations, contribuant chacune, proportionellement à ses revenus, pour la sécurité et la défense commune de la grande alliance ; la cessation de l'emploi des armes et le recours à la conciliation et à la médiation. Pour les nations qui se refuseraient à en exécuter les jugements et les réglements, qui feraient des traités contraires à ses décisions ou des préparatifs de guerre, la Grande Alliance s'armerait et procéderait contre l'État récalcitrant, jusqu'à sa complète soumission. Une assemblée permanente prendrait les délibérations nécessaires au maintien de la paix.

Ce projet eut une grande notoriété dans son temps, reçut des adhésions et des critiques, et même quelques satyres, mais il semble avoir exercé beaucoup d'influence sur les traités internationaux qui lui ont succédé.

Kant reprend l'idéal du « bon Abbé ». Ici, alors, ce n'est plus un philanthrope, un rêveur inconnu, c'est le penseur dont l'esprit gigantesque a embrassé toutes les branches de la connaissance, qui étudie les institutions et les mœurs, dans le passé et dans le présent, avec toute la sagacité du psychologue, du philosophe, du savant ; c'est le précurseur de Laplace dans l'hypothèse de la nébuleuse, et de Darwin, dans le transformisme. Il reconnait que la guerre a été une nécessité de l'humanité en ses premiers âges, mais il sent l'incompatibilité croissante entre la paix armée et l'organisation du travail.

Son projet contient des articles qui se rapportent à plusieurs grands principes du Droit des Gens et du Droit

Public, avec des prescriptions prohibitives, telles que : la défense à tous ceux qui feraient des traités de paix, d'insérer des clauses par lesquelles ils se réserveraient le droit de faire la guerre ; nul état (grand ou petit) ne pourrait être acquis par un autre, par voie d'héritage, d'échange, d'achat et vente, de donation ; les armées permanentes disparaîtraient avec le temps ; défense était faite aux états de faire des dettes pour appliquer l'argent à des affaires extérieures ; nul état ne devrait s'entremettre dans la constitution, ou dans le gouvernement d'un autre état ; nul état ne se permettrait pas, dans la guerre, des mesures odieuses qui pourraient empêcher le rétablissement de la confiance réciproque, telles que le meurtre, l'empoisonnement, la violation d'une capitulation, l'excitation à la trahison. Les principales idées d'organisation de la paix étaient : la constitution des états devait être républicaine ; le droit des gens serait fondé sur une fédération d'états libres ; le droit cosmopolitique (le mot est de Kant) serait limité aux conditions d'une hospitalité universelle.

Après Kant, Jérémie Bentham, l'âme cosmopolite, celui que Bolivar a surnommé le législateur du monde, propose la réduction des forces militaires des puissances européennes, l'émancipation des colonies et la formation d'un tribunal, composé de deux délégués par puissance, pour décider les conflits internationaux, ayant le pouvoir de déclarer l'état récalcitrant déchu de ses droits devant l'Europe et de fixer les contingents que les états devraient fournir pour renforcer l'exécution des jugements du Tribunal.

John Stuart Mill est également l'auteur d'un projet de création d'une Cour Internationale de Justice.

A ces noms il serait facile d'ajouter bien d'autres, pour prouver que la paix est l'aspiration de cet entendement de l'espèce humaine, dont parlait Dante, prévue par ces esprits profonds et pénétrants qui entrevoient, par delà le développement des faits prochains de l'évolution sociale, le sens des accomplissements futurs de notre espèce. Leibnitz, Marbly,

Voltaire, l'abbé Raynal, Volney, Condorcet, Diderot, Auguste Comte, Herbert Spencer, Littré, Victor Hugo, Cobden, Gladstone, Louis Guyau, G. Tarde, l'abbé Gratry, E. Laboulaye, Gambetta, Joseph Garnier, Frédéric Passy, Novicow, D. Pedro II, ont été des partisans de la paix, confiants en sa réalisation.

A l'aube du XIXe siècle, les plus belles paroles sur la paix partent de Ste. Helène. C'est Napoléon qui les dit. L'amertume de l'exil et ses déceptions auraient-elles fait du conquérant un prophète de la fraternité, ou était-il encore, sous ce rapport, le représentant attardé de la lignée des architectes d'empires universels, aboutissant à la paix ? Voici ses mots; « Si, vers les derniers jours de ce siècle, un chef d'état se présente à l'Europe, portant en ses mains ces deux bienfaits : la suppression des dépenses militaires et l'organisation amphictyonique de l'Europe, cet homme gagnera une telle force sur les cœurs et les consciences, qu'il obtiendra le pouvoir absolu sur l'Europe. Le dernier des Césars n'aurait pu concevoir la paix que comme une conquête et comme le début d'un Empire... mais il a prévu que c'était là le rêve à réaliser, le dessein politique à transformer en fait, à la fin du XIXe siècle.

Des amphictyonies grecques aux « Fetiales », du traité de Ramsès I avec les Hittites, en l'an XXI du premier des Raméssides, au Crongrès de Vienne, traités, conférences et congrès marquent les pas progressifs de la paix ; mais l'humanité n'avait pas encore pris possession des formidables instruments qui devaient révolutionner le monde : la conscience de la liberté politique, l'œuvre traditionnelle des germains, développée et propagée par l'Angleterre, par les États-Unis, par la France ; la vapeur, la navigation, les chemins de fer : l'électricité avec le télégraphe ; le progrès surprenant de la presse, avec le journal et le livre ; la pratique presque habituelle des bons offices, de la médiation et de l'arbitrage ; la reconnaissance des droits sociaux du prolétariat.

Les assemblées de la révolution avaient cherché à poser sur des principes pacifistes la politique internationale de la naissante démocratie.

Encore une fois, un Empereur, un autocrate, reprend la vieille idée romaine et mediévale, le rêve de Napoléon; mais cet empereur, âme croyante et passionnée, élevé par une sorte de philosophe suisse de nom La Harpe, n'avait pas la force de se tailler un Empire mondial, pour y faire régner la paix ; et, alors, ce n'est plus l'empire qui en sera l'instrument, c'est le concert des puissances — tant il est vrai que les formes superficielles des institutions humaines se prêtent toutes à revêtir les tendances qui grandissent et qui marchent à devenir des réalités.

Le traité de la Sainte Alliance, signé à Versailles le 25 Septembre 1815, sous l'initiative du Czar Alexandre I, mélange de mysticisme chrétien et de réaction politique, a le charme d'une fleur hâtive d'avant-saison, poussée au coin d'un vieux mur. Ce mur était la vieille utopie impériale : le monde gouverné par l'autorité des élus de Dieu ; et c'est, encore, sous l'inspiration de ce rêve, que l'idée renait, en 1863 et 1870. C'est Napoléon III qui la présente aux puissances, mais ses deux projets, proposés sans conviction intime et sans opportunité, entre les hésitations et les écarts d'une politique sans but et sans fermeté, étaient condamnés d'avance. Le principe des nationalités, dont ils étaient empreints, n'était pas leur seul grand défaut.

C'est encore de la Russie que part la nouvelle tentative dont résulte la réunion des deux conférences de la Paix, à la Haye. L'une et l'autre réalisent d'estimables progrès dans le Droit des Gens et émettent des vœux favorables au désarmement : on établit la Cour des Prises et la Cour Permanente d'Arbitrage.

La progression du nombre des jugements arbitraux a été, pendant le XIXe siècle, la suivante : de 1820 à 1840, huit jugements ; de 1840 à 1860, trente; de 1860 à 1880, quarante quatre; de 1880 à 1900, quatre-vingt-dix. Le nombre des traités d'arbitrage, signés de 1903 jusqu'à 1911, montait à plus de cent vingt.

Le Brésil s'impose, dans sa constitution républicaine, le devoir d'éviter les guerres de conquête et d'employer le recours à l'arbitrage avant de déclarer la guerre. Cette idée a son origine dans le projet préparatoire de la Constitution, dû à M. Magalhães Castro. Grâce à l'homme d'état éminent qui a dirigé notre politique extérieure pendant ces dernières années, le Baron de Rio Branco, nous avons la première place parmi les pays qui ont des traités d'arbitrage, ayant déja obtenu une haute position parmi ceux qui, dans les litiges arbitraux, ont donné des preuves de fidélité au droit.

La politique extérieure du Brésil a toujours subi l'inspiration d'un sincère désir et d'un véritable idéal de paix. Le gouvernement républicain a donné à ces mobiles l'efficacité d'un programme pratique.

A la deuxième conférence Internationale de la Paix c'est le Brésil qui, par la voix de M. Ruy Barbosa, s'est fait l'avocat des droits des petites puissances, défendant le principe de l'égalité juridique des nations contre le projet d'organisation de la Cour Internationale de Justice, présenté par l'Allemagne, l'Angleterre et les États-Unis, dans lequel ces puissances-là, qui sont la grande majorité des nations souveraines, seraient représentées par un petit nombre de délégués.

Un Brésilien, M. Sá Vianna, a présenté au Congrès Scientifique Latino-Américain, réuni à Montevidéo, l'idée d'une sanction aux violations des traités d'arbitrage: la perte du droit à la neutralité des autres puissances, infligée à celle qui aurait violé un traité d'arbitrage. Il soutient le principe que l'arbitrage doit s'appliquer à toutes les questions, quelle que soit leur cause et leur nature.

Commencée aux États-Unis, en Suisse et en Belgique, la propagande populaire se fait aujourd'hui par un grand nombre d'associations internationales et locales; elle compte de nombreux journaux et des revues, une riche littérature. Son activité est, surtout, très intense et son influence considérable, même dans les milieux gouvernementaux, en Angleterre, aux États-Unis, en France et en Suisse.

LA LUTTE ET LA VIE

Cet aperçu des progrès de l'idée de la paix et de la solution pacifique des conflits internationaux nous conduit à constater que la solution de ces problèmes pratiques de l'homme et des sociétés dépend de la question de la nécessité de la lutte physique.

Cette question se résout d'elle même. La guerre n'est pas le mobile de la vie, elle n'est pas même une loi de la nature. Partout où la nature a fait surgir des êtres doués de sensibilité, de pouvoir d'assimilation, de croissance et de mouvement, si le cours de l'existence de ces êtres oscille entre l'aggrégation et la décomposition, entre la vie et la mort, ces phénomènes se réalisent mécaniquement, et l'ensemble de leurs efforts se dirige, suivant un mouvement progressif, vers la multiplication de la vie. L'activité des êtres n'a qu'un mobile énergique, puissant, tenace : celui qui se donne pour but de développer et de reproduire la vie.

La vie est le but de la vie. Elle est la destination de tout ce monde infini d'êtres, dérobé à l'inertie et à l'insensibilité ; et, si cette tendance est le fait caractéristique de l'existence et de la nature du monde organique, on ne saurait comprendre une nature, une force, une énergie, qui aurait pour but de se détruire. L'existence du monde organique implique l'existence d'une énergie, d'une force, d'un penchant : le fait impulsionateur primaire du phénomène même de la vie, le mouvement initial qui aura opéré la transformation d'une première particule de matière en matière sensible. Cette force, cette énergie, ce caractère, ce simple rapport, peut-être, dont notre conscience témoigne l'existence dans les phénomènes de la cellule et de l'homme, quel que soit le nom que nous lui donnions, est un impératif de vie et de propagation de la vie.

C'est un argument purement verbal que celui de se refuser à accepter les conséquences de ces rapports observés de cause à effet, sous pretexte d'une prétendue conception finaliste de la vie. Les résultats observés étant indifférents à l'existence ou à la non existence d'un but prédéterminé dans la direction de la vie, les résultats prévus lui sont également indifférents. Le but physique, l'effet de la continuité des phénomènes, n'a rien à voir avec la destination prescrite par une finalité préconçue; il ne laisse pas moins d'être une prédestination évolutive de la matière vivante. . . à vivre.

Si la lutte entre les êtres est une réalité, leur assemblage dans les milieux implique une sorte de solidarité, d'une nature tout-à-fait physique. Les êtres rencontrés dans un milieu quelconque, indépendamment de toute sorte de rivalité ou de subordination, se complètent réciproquement, s'associent sans le savoir et sans le vouloir, puisque l'existence des uns est la condition de l'existence des autres. Même chez les infiniment petits, les bactéries, par exemple, tandis que les uns pourvoient avec leurs sécrétions excrémentielles à la nourriture des autres, ceux-là profitent de l'assainissement du milieu [1].

De ce fait au fait d'association, il n'y a qu'un simple mouvement, soit-il dû à l'habitude, à une impression mnémonique [2], ou à toute autre cause. Depuis les premières organisations, dès les plus simples combinaisons multicellulaires, toute la vie organique n'est autre chose qu'un vaste spectacle d'associations: preuve évidente que, le mobile

(1) Le Dantec — L'égoïsme seule base de toute société.

(2) E. Rignano — On the mnemonic origin and nature of affective tendencies, «The Monist», 1911.

de l'existence étant, non pas l'égoïsme, mais l'effort pour vivre, le premier moyen de s'assurer la vie, après la nourriture, est de s'associer. Dans le cas de l'association sexuelle des individus et de leur plasma germinal, que l'on dirait une forme avancée de cette tendance à s'associer, la vie, dans presque la totalité des êtres, n'est qu'un enchainement d'associations, successivement généralisées et différenciées, aboutissant, dans les organismes supérieurs, à ces tissus compliqués et parfaits qui font que certains biologistes contestent la nature cellulaire de leur structure [1].

Quelle que soit la théorie adoptée sur l'origine de la vie et sur les causes qui en produisent la conservation et provoquent le développement, il n'y a rien de moins vrai que de dire que le ressort autour du quel roule le drame de la formation et des progrès de la vie est la lutte contre quelqu'un ou contre quelque chose. La vie lutte pour la vie, voilà al vérité primordiale, la réduction à son expression la plus simple, à son unité, à son «will» rudimentaire, de ce désir, volonté, ou pouvoir, de l'être le plus simple, dans son premier rapport avec le monde extérieur. La lutte contre d'autres êtres vivants n'est ni le désir ni le but ni l'effort de l'activité ; elle n'apparait que comme un second élément du fonctionnement de l'existence : comme le résultat, non pas du mobile spontané de la nature, mais d'une réaction contre un obstacle trouvé. C'est déjà un phénomène de relation ; et, s'il a pour effet, chez les êtres inférieurs, de dètruire des vies, il donne la victoire à la vie en elle même par la survivance des plus aptes et par l'accroissement de la vie dans l'ensemble.

La lutte n'est pas, dans le monde organique inférieur, qu'un agent secondaire de sélection, dont le désir de vivre est l'agent principal et l'effort pour vivre le premier instrument.

---

(1) Driesch, Whitman, Sedgwick — Encyclopedia Britannica, 11the edition, v. Cytology.

Dans cette lente succession de faits de l'évolution, dont chaque étape est reliée à ces antécédentes comme dans une continuité logique, on ne saurait comprendre une couche de la nature réveillée de l'immobilité pour s'agiter et se multiplier qui ne trouverait pas, dans son entourage, les premiers éléments de subsistance : ces éléments se trouvent toujours à côté du protoplasme vivant. Les premiers petits grumeaux de plasma vivant se heurteraient à la condamnation à mort s'ils avaient pour destinée de se détruire entre eux. La matière dont ils surgissent doit les nourrir ; et de cette première servitude de la couche inférieure à la subsistance de la supérieure est née cette loi animale, non pas de lutte, mais de sacrifice des espèces aux espèces supérieures. La réalité est que le spectacle de la vie naturelle n'est pas un spectacle de lutte, mais un spectacle d'effort pour la vie, où la force et le pouvoir des uns soumet et sacrifie tous ceux qui lui sont inférieurs. La lutte n'existe qu'entre égaux en force, et cette égalité devient, dans l'intérêt même de la conservation de la vie, un motif de conciliation et d'accord, d'association et d'entr'aide.

Mais dans cette hiérarchie des êtres vivants et dans cette exploitation des espèces inférieures par les espèces supérieures, tous les esprits habitués à la contemplation objective de la nature et des phénomènes de la vie, même ceux qui professent des idées favorables à l'égoïsme du mobile vital et à la combativité de ses *processus*, reconnaissent l'existence d'une sorte de sentiment, de sympathie ou d'intérêt entre les vivants supérieurs et les vivants inférieurs ; de l'homme, surtout, envers les vivants inférieurs.

Cet intérêt, qui est un fait positif des rapports naturels, reconnu par tout esprit éclairé ; observable dans les mœurs de tous les êtres, dans leur curiosité et leur rapprochement, les uns envers les autres ; qui inspire à tout homme normal le penchant à épargner les vies les plus insignifiantes, si elles ne semblent pas lui porter dommage ; source du sentiment et du travail de domestication, de soutien et d'élevage de certains animaux inutiles à l'homme et qui lui seraient encombrants si ce n'était ce sentiment d'estime réciproque entre les animaux, cet intérêt montre qu'il y a une sorte d'association élémentaire, régie par l'esprit d'harmonie entre les vivants.

Tant que l'on peut prendre pied sur ce terrain, encore si mouvant, de la science de la vie, de ses éléments, de ses *processus* et de son mécanisme, une des conclusions que l'on peut faire sortir des théories opposées sur ces différentes questions est que la lutte n'est pas une condition de la vie, une de ses opérations essentielles: elle n'est ni le fait créateur ni la cause de la vie. Parmi les opérations de la vie: opérations de formation, telles que l'assimilation et la reproduction ; opérations de transformation et de différentiation, telle que la division du travail, jamais la lutte ne se montre comme un fait inséparable de l'existence, nécessairement lié à sa naissance, à ses changements cycliques, à la structure de ses composants, pas même à ses moyens de desintégration et à la mort. La lutte n'est pas une chose essentielle à la vie ; elle est un accident de ses développements et de son histoire ; elle ne résulte pas des faits ordinaires, normaux, spontanés, naturels, équilibrés, de la formation et de l'organisation des êtres, mais elle surgit comme une sorte de correctif à l'anormalité, un moyen d'élimination du surplus de vies, une réaction de la nature contre l'excès et les disproportions de l'assimilation et de la reproduction : une sorte de révolution des impulsions naturelles, en somme, excitées par la faim, ou par la misère.

Il n'y a pas de loi plus générale en Biologie que celle d'économie de substance et d'économie d'énergie : la lutte demande une dépense excessive d'énergie ; elle est une forme d'activité où la nature met en risque toutes ses acquisitions de vie : elle est, ainsi, un fait contre nature.

Dans les milieux vivants inférieurs, cet instrument mécanique est secondaire et supplétif ; dans les milieux animaux supérieurs, où l'instinct apparait, il est exceptionnel, révolutionnaire.

Il y a dans toutes les sciences une foule de questions qui ne sont que des questions de mots. Chaque science, chaque école, chaque savant, a sa technologie ; et, si les différences de signification des mots dans le langage scientifique et dans le langage vulgaire donnent lieu à des malentendus, les divergences entre écoles et savants forment un fouillis parfois inextricable.

Si cette expression « lutte» de la langue française, et ses équivalents dans les autres langues d'origine latine, reproduit assez infidèlement la signification de l'anglais « struggle », celle-ci n'impliquant pas toujours, comme celles-là, l'idée d'opposition, d'effort ou de combat contre quelqu'un, ou contre quelque chose, encore moins est-elle acceptable dans le sens large, métaphorique, où Darwin a employé le « struggle for life » pour représenter tout effort animal sur la nature brute, ou sur un autre animal. Le « struggle » des anglais est cet effort, et aussi le combat pour la vie. La lutte répond à l'idée exacte de l'effort contre un obstacle ou contre une opposition: elle ne comprend pas le sens d'une activité qui s'exerce sur une chose inerte ou sur un être qui ne résiste pas.

Dans le sens d'effort, ou dans celui de concurrence, le mot « lutte », serait acceptable, malgré son inexactitude, s'accordant aux deux faits réels de l'existence : l'effort pour la vie, comme phénomène individuel, et la concurrence pour es moyens de subsistence, comme rapport ordinaire entre les êtres vivants. Là est toute la vérité, tant qu'il s'agit d'un phénomène général. La lutte, en tant que fait d'opposition et de combat, est exceptionnelle dans la sélection naturelle, où l'effort pour la vie et la concurrence ne font pas des victimes, ou ne font des victimes que dans les rencontres, plus poignantes mais non pas tragiques, où la proie est préalablement condamnée. Dans ces cas il n'y a pas de lutte.

En adoptant le mot lutte, la science lui a emprunté un sens étranger à sa nature. En fait, la plupart des actes compris sous ce mot dans le langage scientifique ne sont pas des actes de lutte, mais des actes de réaction. Qu'il s'agisse de la nature et de phénomènes physiques, de l'action de l'homme sur la terre pour la mettre à profit et pour se défendre du climat et des accidents météorologiques, l'homme ne se met pas en lutte contre les choses : il ne s'oppose pas à leurs forces, il ne songe pas même à les vaincre ni à les désarmer; il ne pense qu'à les soumettre à ses désirs, ou à s'en défendre. L'agent ici, qui est l'homme, n'exerce pas un acte d'aggression ni d'offense. Si son ignorance a fait de lui, jusqu'à nos jours, un impitoyable destructeur de la nature, ce qui explique l'erreur courante que la vie est une lutte contre la nature, cette spoliation d'un supposé ennemi inerme ne justifie pas l'image de combat, donnée au spectacle de l'effort humain sur son patrimoine naturel. Pour ce qui est des animaux, tous ceux qui ont observé leurs mœurs constatent d'abord l'association des semblables et des égaux, depuis les formes les plus simples d'êtres vivants, et ensuite le fait de la domination des uns par les autres et celui du sacrifice des espèces inférieures aux espèces supérieures. Les cas exceptionnels de combat entre des individus et des groupes également doués ne sont que des crises éventuelles de l'ordre animal, dues à des accidents physiques, des famines, des migrations, etc.

L'esclavage et le sacrifice plutôt que la guerre serait le phénomène normal de l'évolution.

La lutte pour la vie, dans son sens plus précis, celui de Darwin et, surtout, des néo-darwiniens, de facteur presque exclusif des sélections naturelles, a une tout autre portée, lorsqu'elle avance de la sélection naturelle à la sélection sociale : ce sont les caractères favorables à la société qui l'emportent sur les caractères profitables à l'individu [1].

(1) J. M. Baldwin— Le Darwinisme dans les sciences morales.

Si l'état actuel de nos connaissances ne permet plus de considérer la lutte pour la vie comme le seul ni même comme le principal facteur des sélections (1), la lutte n'étant pas, dans les sélections naturelles, que le résultat indirect des facteurs lamarckiens du milieu et de la réaction organique, elle n'a pas été pour l'homme, dans sa forme physique, qu'une étape provisoire de son évolution, due à l'incapacité de ses facultés supérieures.

La conscience, acquise par l'homme, de son pouvoir sur la nature et de ses intérêts, la connaissance de son organisme, de son esprit et de leurs rapports avec le milieu, ne peuvent avoir que l'effet de remplacer l'inconscient outil sélectif de l'animalité par les outils de l'expérience et de la raison.

C'est alors seulement que les sélections seront vraiment naturelles et évolutives dans notre espèce. Le plus aptes survivront, par effet de leur véritable supériorité relative, sans aggression et sans ruse.

(1) P. Kropotkine — L'entr'aide. Délage et Goldsmith — Les théories de l'évolution, avec les plus éminents biologistes contemporains.

L'IDÉE DE LA GUERRE, HABITUDE BANALE DE NOTRE ESPRIT. L'HOMME N'A PAS D'INSTINCT BELLIQUEUX

L'aspect de la politique internationale semble faire croire que l'humanité développe, de jour en jour, ses instincts de combativité et que la guerre est, en fait, le but et l'aspiration des peuples.

Il serait oiseux de rappeler les chiffres des statistiques militaires pour montrer la charge toujours croissante des armements. Ce ne sont pas seulement les penseurs, ce sont les hommes d'état, qui proclament tous les jours que les budgets militaires écrasent les finances publiques et que l'impôt, toujours grandissant, menace de n'être pas supportable. Depuis les grandes puissances jusqu'aux petites, depuis l'Angleterre, toujours préoccupée de maintenir sa marine en état de l'opposer à toute combinaison possible de ses ennemis probables, et l'Allemagne, avec une des meilleures marines du monde et forte d'une armée qui rappelle, avec les armements perfectionnés d'aujourd'hui et les méthodes savantes de la science militaire, les foules mouvantes et guerroyantes des Perses et des Assyriens, chaque pays contemporain se conduit comme s'il était entouré d'ennemis et toujours menacé d'une invasion soudaine.

Les faits et les mœurs montrent que les dangers de guerre deviennent, de jour en jour, moins probables. Dans le monde politique, où la raison de l'intérêt social et économique est souvent remplacée par cette autre raison conventionnelle, cachée sous l'étiquette de la raison d'état, les gens, tout en prônant hautement la nécessité, ou la fatalité de la guerre, tout en gardant l'allure militariste et en allumant les jalousies, les rivalités populaires et les intrigues diplomatiques, s'avouent tout bas que tout cela n'est que de la «politique» et ne sauraient bien s'expliquer, au fond de leur pensée, le «pourquoi» de la paix armée.

Ce qui est vrai c'est que, sauf de très rares exceptions, le mot commun aux hommes d'état que les armées sont entretenues pour maintenir la paix, exprime leur conviction intime: ils savent que faire la guerre est chose très difficile; mais ce dont ils ne s'aperçoivent pas c'est qu'en soutenant la doctrine de la guerre et en accroissant les moyens de faire la guerre, ils maintiennent la seule force sur laquelle reposent la Philosophie et la Politique de la guerre.

C'est un problème très intéressant que celui de la Psychologie de la politique militaire et du « pourquoi » de la paix armée. Certes, il y a encore des esprits assez belliqueux et pleins d'ambition guerrière, pour entretenir dans certains milieux cette fougue chevaleresque qui fait rêver de batailles acharnées et de glorieuses conquêtes; et, bien plus encore, des âmes assez ingénues pour se prêter aux menées du militarisme; mais, si l'on écarte les mobiles du tempérament, de l'hérédité et de l'éducation, celui de l'intérêt personnel, plus ou moins déguisé, et l'acceptation banale du préjugé circulant et de l'idée consacrée par la seule autorité du temps, il est presque sûr que les esprits les plus éclairés d'entre les partisans de la paix armée se trouveraient embarrassés de donner la raison de la conservation des armées et de la politique militaire.

Depuis la guerre russo-japonaise, et avant la guerre de l'Italie en Tripolitaine et le dernier conflit turco-balkanique, il serait hyperbolique de dire qu'il y a eu des guerres. Quelques expéditions contre des peuplades sauvages, les entreprises de la France au Maroc, quelques unes de ces guérillas, aussi sanguinolentes que grotesques, de certains petits pays, mériteraient mieux d'être enregistrées comme des «faits divers» de la vie mondiale, des écarts politiques, ou des accès de folie collective, que de porter le nom de guerres. Il est facile de voir pourquoi l'on s'y est battu : l'esprit de turbulence, l'opiniâtre intolérance de quelques peuples, l'ambition d'influence, expliquent bien ces luttes.

Chez les peuples avancés, parmi ceux qui sont censés appartenir à l'humanité civilisée, on ne se bat pas ; tout le monde est engagé à maintenir la paix ; tous se proposent de renouer et de raffermir les liens d'amitié et d'harmonie entre les peuples ; mais, les marines et les armées servent l'intérêt des puissants, et exercent sur les faibles la haute justice et la bonne raison du plus fort.

Où sont-ils, pourtant, le fondement, le mobile, et l'intérêt pratique, causes de cette politique qui pousse les puissances à outrer leurs armements jusqu'à maintenir sur le pied de guerre des armées et des marines que l'on dirait faites pour un éternel et pressant danger ? On a voulu les trouver dans l'intérêt des sélections nationales. Mais, qu'est-ce qu'une nation ? Est-ce une race, toute une race, ou la branche homogène d'une race, pour que les sélections puissent s'opérer, utilement et naturellement, dans les guerres ? Les nations de notre temps sont des fractions de races et de nationalités, ou des composés de races et de nationalités.

La sélection par les armes n'aboutirait qu'à perpétuer cette confusion d'éléments ethniques et nationaux, le résultat justement des guerres passées.

Songerait-on à réaliser le rêve de l'union d'une race, tenue comme supérieure, pour lui donner, par la guerre, la domination du monde ? Mais, alors, pourquoi penser au moyen de la guerre, si cette supériorité est réelle ?

L'Histoire ne prouve-t-elle que la «volonté de puissance» a été toujours plus active et plus énergique. dans les compétitions entre les peuples plus forts et, par cela même, concurrents ?

La guerre a justement détruit les peuples les plus forts à la guerre : les Assyriens, les Hittites, les Perses, les Phéniciens, les Macédoniens, les Scythes, les Vandales, les Mongols, les Arabes ; les uns ont tout à fait disparus, les autres ont été presque annulés comme peuples souverains, ou en tant que des sociétés valables. Les turcs commencent à voir s'effacer leur ancienne intrépidité. La force et le courage se dépensent.

Si les sélections collectives opérées par les guerres, sont des sélections rétrocessives, les sélections individuelles faites par le régime militaire et dans les champs de bataille sont tout juste le contraire du progrès, pour la race et pour la nation. L'influence du militarisme sur les mœurs, les mariages, la famille, la paternité, l'économie et le travail, la perte de force et de sang tombant, dans les temps de guerre, sur l'élite de la jeunesse, tout cela donne le démenti le plus solennel à l'influence sélective de la guerre.

Comme moyen d'éducation de l'énergie et du caractère, William James s'est dejà chargé de prouver que notre civilisation ne manque pas d'occasions de mettre à profit et d'exercer notre cœur et nos forces morales, dans ce que ces facultés ont de plus noble. Les œuvres des prêtres, des dames de charité, des médecins, des marins, des hommes d'état, des mineurs, de tant d'autres hommes de travail et de foi, ne demandent pas moins de courage que l'élan aveugle du soldat, l'affolement de cette excitation des combats, où ni le mérite ni la volonté ne font le choix des victimes et des vainqueurs. La vie et la mort mises en loterie, voilà ce que c'est que la guerre : la guerre moderne, surtout, avec ses armes à longue portée, de grand pouvoir destructif.

En descendant la série des arguments de sélection et d'énergie, on arrive à se rattraper sur l'instinct combatif de l'homme. Il faut y revenir et insister.

Pour les théoriciens de la guerre, elle est, plus encore qu'une nécessité de la nature, une vraie fonction de l'animal humain, l'imposition de nos instincts : la lutte est la condition de l'existence. L'ambition des hommes et des puissances entraîne à combattre, à conquérir et à gagner, aux dépens des plus faibles.

Regardons, néanmoins, de plus près, la vraie nature de l'homme et il en ressortira que tous nos penchants naturels et primitifs nous conduisent, au contraire, à éviter la lutte violente, les risques et les dangers de la guerre. Notre instinct fondamental est l'instinct de conservation. Pour conserver son existence, l'homme cherche, d'abord, à s'adapter, à s'assurer la tranquillité, à rechercher ses semblables : à gagner paisiblement, par l'effort personnel et, puis, par l'association, la nourriture et le bien-être. Par son second instinct naturel, celui de la conservation de l'espèce, encore plus que par l'autre, la nature humaine ne recherche que la sécurité et la paix, seules garanties des rapports et de la prospérité du petit milieu familial.

L'homme est, au tréfonds de son être, d'un instinct essentiellement défensif. Les nécessités et les aspirations humaines, en étroite dépendance de la nature et en se basant sur la nature, amènent les hommes à se tourner vers la nature et à s'associer, pour profiter de ses produits. La conservation de l'individu et l'association des individus, sont la loi première de notre espèce.

L'instinct conduit à la paix, et la paix est la règle de la vie. S'il existe, dans les sociétés, un mobile offensif et guerrier, ce mobile ne demeure pas dans la nature de l'homme, de la plupart des hommes, du moins ; il est le résultat d'un phénomène plus compliqué, plus avancé, des sociétés déjà formées.

La lutte entre les hommes est un fait social, elle n'est pas un fait naturel ; mais la société, n'étant, elle-même, qu'une association d'intérêts et de besoins, ne produirait qu'une lutte distributive dans la paix si, par le fait des inégalités et des ambitions qui en résultent, les plus habiles n'étaient entraînés à se placer au dessus de la société, à s'assurer une plus forte part des profits sociaux.

Ce n'est pas la force qui a tenu le sceptre du commandement, pendant la vie des premières sociétés : c'est la ruse. La force a toujours été du côté des grandes foules, tenues, pourtant, au dessus des aristocraties et des gouvernements, en esclavage, en servage, sous des despotismes plus au moins avoués. En s'apropriant les domaines, la richesse et le capital, en s'attribuant la meilleure part des profits sociaux, l'homme habile est dirigé par un mobile plus raffiné et plus artificiel que son instinct : Il agit sous le mobile d'un intérêt que, seule, la société peut faire naître, dans un état transitoire des mœurs où les ambitions n'ont pas trouvé leur point de conciliation. La lutte de l'homme contre l'homme est ainsi un fait social, fait résultant du choc des aspirations entre les êtres plus bien doués, et de l'imperfection de la civilisation à satisfaire les besoins sans conflit, sans subordination et sans sacrifice.

Mais si la lutte sociale n'était qu'une lutte d'intelligences et de capacités, elle serait toujours pacifique. L'homme, ne pouvant pas avoir poussé dans les déserts ou sur des glaciers, a trouvé, partout où il a surgi, la nourriture et des éléments de vie. Un milieu physique ne produit que les individus qu'il peut nourrir. Il y a un juste rapport entre la capacité nourricière d'une terre et la population qu'elle produit (1). Si les plus habiles sont parvenus à dominer les foules, c'est qu'ils sont arrivés à constituer sur elles une force morale plus forte, une autorité, un pouvoir. C'est par cette force que se sont constitués les gouvernements ; ce sont les gouver-

(1) La viabilité et l'aptitude à vivre rétabliraient l'équilibre entre les êtres inférieurs et les milieux, indépendamment de l'intervention de tout acte d'élimination volontaire des inférieurs par les supérieurs. Chez l'homme, il faut se rapporter à une cause psychique pour expliquer le surplus des populations au delà de toute proportion entre la productivité de la terre et le nombre de ses habitants, comme en Chine.

nements qui ont établi l'usage de la guerre, entre les sociétés. La lutte physique consentie, approuvée, légalisée, est un phénomène politique de la société.

La guerre est le résultat de l'organisation politique des peuples.

Regardez, maintenant, la vie de chacune des sociétés nationales, depuis la tribu sauvage jusqu'à la plus avancée des nations contemporaines : tout y est organisé de façon à garantir et à raffermir la sécurité personnelle. Le chef épargne et protège la vie des sujets, le maitre a un intérêt personnel à la conservation et à la santé des esclaves. Tout au contraire de la lutte physique, on n'y voit qu'un profond sentiment de respect pour l'existence et de protection à la vie. Écartez les cas maladifs des grands criminels du despotisme et vous trouverez que partout l'intérêt même des dominateurs les conduit à s'assurer des sujets tranquilles et bien portants. Tout s'y organise dans le sens de protéger la vie. Les tyrannies et les révolutions ne sont, d'ordinaire, que des affaires de rivalité et d'ambition politique. Les despotes d'instinct et de tempérament sont très rares ; les révolutions populaires, des faits exceptionnels.

A l'intérieur de chaque pays les hommes n'ont jamais lutté que pour l'ambition d'un autre homme. Ce qui était leur intérêt privé, domestique, civil, économique, industriel, leur penchant naturel, leurs mœurs, leurs aspirations, les portaient à l'accommodation, à la transaction, voire même au sacrifice. S'il était bien vrai que l'homme a un instinct de lutte physique, que l'instinct de conservation et l'ambition personnelle poussent à la guerre, il serait absolument incompréhensible que, pendant le cours de tant de siècles, les fortes et écrasantes majorités qui ont toujours formé le fond et la base de la pyramide sociale, n'eussent pas trouvé le moyen de s'emparer des armes et des instruments de lutte, pour abattre les petites minorités dominantes. La guerre est, pourtant, le produit de l'intelligence de l'homme, non pas de ses instincts.

L'histoire des révolutions et des conspirations n'est qu'une suite d'explosions d'ambitions politiques, d'assauts au pouvoir, de revanches et de représailles de parti. Les intérêts et les faits de la vie réelle, profonde et pratique, des hommes et des familles, sont absolument étrangers à ces luttes ; les intérêts même des classes n'entraient en conflit que sous l'instigation de l'ambition de puissance politique : l'ambition de suprématie, bien plus que l'avidité même et que l'ambition matérielle, est au fond de l'ambition politique des individus comme des collectivités. Le désir de dominer, l'éclat et la majesté du pouvoir, les jouissances du faste et de la royauté, la morgue de la domination, ont toujours été des impulsions plus fortes que la cupidité et le désir de possession.

Nietzsche s'est bien plus rapproché de la vraie nature de l'homme que les darwinistes. « L'aspect général de la vie n'est point l'indigence, la famine ; tout au contraire, la richesse, l'opulence, l'absurde, la prodigalité même — où il y a lutte c'est pour la puissance... Il ne faut pas confondre Malthus avec la nature » (1).

L'enfant et le sauvage raffolent des choses voyantes et majestueuses, aiment à singer les attitudes impératives de commandement et ne se mettent en lutte que sous l'aiguillon d'une excitation déjà anormale. Personnellement, d'homme à homme, la lutte physique n'obéit pas à un penchant de la nature ; elle ne résulte ni du seul désir ni de la seule convoitise, froidement représentés dans l'esprit. Il y a une loi do moindre effort dans l'acquision des choses et dans la satisfaction des besoins, qui se manifeste chez l'enfant, comme chez le sauvage et l'adulte civilisé. Puisque la nature commande la vie, la conservation et le plaisir, l'animal lui-même et l'homme encore plus, dont les mouvements, les habitudes et les instincts ont été façonnés par l'adaptation dans le sens de la recherche

(1) F. Nietzsche — Le crépuscule des Idoles.

du bien par les moyens les plus faciles, cherchent à s'épargner les forces, à éviter les peines et les dangers. Il faut qu'il se dresse, entre le désir et la chose desirée, une nécessité violente, que l'esprit s'exalte, sous la douleur, ou sous le danger, que la passion trouble l'âme, pour que l'impulsion guerrière remplace la froide inclination naturelle. Et, encore, faut-il que le danger de la lutte soit moins sensible que celui de la recherche paisible. L'instinct vital surveillant la conservation, même en état de passion, il maintient les habitudes d'adaptation et dompte les impulsions combatives : l'homme cherche davantage à employer les moyens détournés, voire même la ruse et les embûches, plutôt qu'à se battre.

Il est fort commun d'entendre parler d'instinct, d'inclination naturelle, de penchant de la nature humaine, pour expliquer les crimes de sang, la férocité, le cannibalisme, la passion et la fureur de la guerre. Ce sont des affirmations absolument opposées à notre vraie nature animale. Certes, l'homme primitif a eu des mœurs cruelles et sanguinaires ; certes, il y a même dans les milieux civilisés des individus dépourvus d'intérêt pour la vie et pour l'intégrité des autres, mais de l'existence de ces types primitifs ou exceptionnels il y va de beaucoup à ce que l'on puisse imputer à la nature la cause des emportements passionnels.

S'il faut rattacher l'origine de l'homicide à un fait quelconque, ce fait est très probablement la chasse [1] ; c'est à la chasse que l'homme a développé ce plaisir d'extermination, devenu un élan passionnel, depuis nos rudes ancêtres ; le besoin de nourriture en a été probablement le premier mobile. Mais si l'on tient à l'observation que les espèces inférieures étaient naturellement abondantes ; que partout où l'homme vivait devaient également pulluler des êtres plus faibles, placés à la portée de ses mouvements tranquilles et

(1) Aristote, Auguste Comte.

ordinaires, il faut conclure que l'homme doit avoir évité les moyens d'acquisition de nourriture qui l'exposaient à la férocité des animaux plus vigoureux que lui et à l'hostilité des autres hommes.

Envers les animaux les plus forts, entourés d'espèces plus faibles, dont il était aussi le dominateur, son premier sentiment a été, sans doute, un sentiment défensif. Le chasseur primitif était, naturellement, le meurtrier des espèces plus faibles, la victime des plus fortes. Son attitude était de menace et d'aggression envers les premières, de crainte et de défense, envers les autres. Pour attrapper les animaux des petites espèces, il a été porté intuitivement à s'exercer dans l'art des pièges, à se munir d'armes légères, faciles à manier, à multiplier son ingéniosité en mille artifices de ruse et d'agilité, plutôt qu'à employer la force : c'est le mouvement spontané de tout être vivant. Le danger l'entourant partout de la part des fauves, il a commencé par se défendre, par se garer contre les assauts, par se creuser des trous dans les cavernes, par grimper sur les branches et sur les rochers. L'attaque des fauves inspira d'abord la crainte; avec la crainte, la nécessité et l'habitude de défense. Le danger permanent a fait naître la haine ; la haine et le besoin de défense, dans les rencontres imprévues, à l'occasion des embûches des bêtes, ont inspiré les premières attaques de revanche, forcé les premiers duels animaux. De ces duels, il est résulté que l'homme a acquis la conscience d'une supériorité en adresse, en calme, en résolution. Il s'en est enhardi ; il s'est hasardé à des excursions ; il a fait, surtout, des embûches ; il s'est engagé dans cette autre passion entraînante et grisante, qui est l'esprit d'aventure : il a pris l'offensive. Mais cette initiative, si elle n'a pas été le résultat d'une longue guerre, ses ennemis l'entourant et le harassant de partout, a été l'effet d'une intense lutte intime contre les mobiles et les penchants les plus profonds de sa nature, L'homme n'a pas passé de l'attitude défensive à l'aggression dans ses rapports avec les autres animaux, qu'en forçant son caractère, en faisant violence à ses instincts, en créant, sur ses facultés spontanées, une stratification secondaire, une nouvelle couche de mobiles moraux.

Le grand fait tragique de la nature n'a pas été la combativité : l'homme brut, originaire, encore enveloppé dans sa gaine d'habitudes ancestrales, a été quelque chose de moins noble et de moins digne que le sauvage chasseur et guerrier des peuplades appelées primitives : il a été un animal vorace et lâche, prêt à mettre la main sur toute vie inerme à sa portée, de la même façon indifférente dont nous sacrifions à nos appétits des huitres, du gibier et des animaux domestiques ; mais craintif, effaré et tremblant devant toute force évidemment supérieure, toute lutte dangereuse, tout inconnu et tout mystère.

Commençant à combattre par degrés ; sur la défensive, d'abord ; par haine, de suite; animé par les premiers succès ; il a créé dans sa structure morale une fonction nouvelle et un but anormal, sans racine dans la personne elle-même : le produit de ce nouveau rapport avec les autres êtres qu'on pourrait rattacher peut-être à l'évolution intermédiaire du quadrumane frugivore, habitant des branches, au bipède marcheur, mangeur d'herbes et de petites bêtes. La vie n'impose pas un besoin de lutte, elle n'a qu'un besoin de croissance.

Si le travail de la vie et de la génération fait des victimes, s'il renferme un drame perpétuel de victoires et de sacrifices, ce n'est pas que l'arbre aux puissants branchages possède l'instinct, ou la destinée, d'étouffer les petites plantes, poussées des graines tombées sous son feuillage : c'est que les graines n'ont pas trouvé leur coin de vie au soleil.

Seul, l'animal est un destructeur volontaire de vies ; mais la condamnation à cette cruelle destinée porte en elle-même sa contrainte et sa peine : en détruisant les vies, l'animal marcherait vers sa propre destruction s'il n'intervenait pas entre son appétit et le règne végétal, l'équilibre protecteur de l'espèce et, entre sa convoitise et les autres êtres animés, le souci de sa défense ; eux, aussi, ils sont actifs et combattants.

Laissons de côté la question de la nécessité de la nourriture animale pour l'homme et pour les autres vivants. Le fait qu'il y a des carnivores n'est pas une preuve que cette nécessité existe. La nature est assez pleine de contradictions pour que l'on ne se permette pas de croire qu'il y a des faits dans la nature qui sont des accidents et des écarts de la naturalité. L'homme a été, et il l'est encore en quelques contrées, cannibale ; mais personne n'oserait affirmer que cette habitude répond à une necessité de sa nature. Le chien et le loup sont des carnassiers, mais ils ne mangent pas leurs semblables.

Dans la poursuite de la vie, la tâche des animaux n'est pas de lutter, mais de chercher la nourriture. D'après sa force et son intelligence, l'animal se nourrit aux dépens de ses inférieurs. La règle naturelle est la tyrannie des plus forts, le sacrifice des plus faibles ; donc, pas de lutte, pas de combativité, pas d'aggression et de défense : les forts poursuivent, les faibles tâchent de s'échapper; les forts ne font qu'exercer leur supériorité naturelle de membres, d'intelligence, de nombre, de nocivité, de mouvements : les faibles n'ont qu'à s'enfuir, ou se laisser prendre. Il n'y a pas de lutte dans l'inégalité de forces.

Mettons maintenant l'homme devant l'homme, face à face. Ce sont des êtres égaux en force et en apparence, également armés. Leur ressemblance frappe les esprits ; ils se mesurent réciproquement les forces ; dans le doute, ils s'évitent ou tâchent de s'entendre ; avec l'identité physique, d'autres ressemblances commencent à se montrer : la voix, les gestes, les mouvements, les goûts, les penchants, les objects primitifs de travail, de chasse, d'ornement, les premiers vêtements, l'habitation. La forêt et la plaine sont riches en fruits et en gibier ; se faire un ennemi de plus, c'est augmenter le danger ; s'associer, c'est, au contraire, multiplier les moyens d'acquisition et de réussite Le penchant naturel de l'homme envers l'homme a été nécessairement l'association. L'homme a été un animal de groupement, depuis les âges les plus reculés.

Mais la crainte, la haine et l'esprit d'aventure, que la chasse a excités, jettent, dans la petite société, les semences de l'ambition, de l'avidité, de la passion. La vie est une éducation permanente. Dans le monde animé, le milieu est une étuve, et le travail intellectuel, l'instrument de l'adaptation et de la mise en profit. Dans ces milieux primitifs, pourtant, tout est rude, grossier et sauvage. Pour se donner l'habitation, pour se nourrir, pour se protéger contre les périls, pour se frayer sa route, il faut lutter contre des obstacles matériels, des forces inertes, terriblement obstinées dans leur résistance à l'action de l'homme ; il faut escalader des rochers, traverser des rivières, combattre les fauves ; bref, l'homme primitif a besoin de développer sa force physique et, dans l'esprit, l'intelligence défensive, rusée, leste, toujours en éveil et toujours en garde, et le caractère, audacieux mais sans courage, ténace sans être énergique : l'outillage moral nécessaire pour s'engager dans les sombres entreprises de la force, devant des foules d'ennemis cachés, également rusés, parfois inconnus. Ce genre de vie crée l'émulation ; l'émulation ébauche et finit par établir une hierarchie, qui aboutit, enfin, à faire surgir un chef, le plus fort, très probablement le plus habile dans cette sorte de politique de supercheries qui est l'intelligence pratique du sauvage. Voilà la société, le gouvernement, l'état embryonnaire, qui sont formés.

Tout fait croire que la lutte physique n'a pas été une habitude dans les premières sociétés.

L'Histoire met en lumière les mœurs pacifiques de certains peuples, isolés par des accidents naturels, dans les iles, entre des marécages, entourés de montagnes, perdus dans les glaciers et dans les déserts. Ces peuples mènent une existence patriarcale sous la forme communautaire, des habitudes de travail et d'association parfois remarquables, comme celles de l'Egypte proto-historique, dans l'organisation du labourage et des travaux d'irrigation [1].

S'il faut tenir à notre caractère primordial, aux couches les plus anciennes de nos âmes, acquises de l'ancêtre de l'espèce et de celui des échelons plus bas, ce n'est pas de la combativité qu'il faut voir au fond de notre esprit : c'est un égoïsme craintif et rusé ; et c'est sur cet égoïsme que s'est basée l'association entre égaux qui se craignaient réciproquement et qui voyaient dans l'union de leurs facultés et de leurs muscles un renforcement de leur pouvoir sur la nature et sur les autres êtres.

La combativité n'est pas un penchant inné de notre nature, elle en a été une faculté acquise ; elle résulte de faits de rapport, non pas des nécessités individuelles ; elle est née, encore plus, dans un état dejà avancé de l'évolution humaine et de penchants superposés dans notre esprit à nos penchants originaires et instinctifs.

Jusqu'à un âge encore bien rapproché de nous, partout où une race forte et conquérante tenait à s'emparer d'un territoire, l'usage généralement pratiqué était l'extermination de tous ceux qui résistaient et de tous ceux qui, par leur nombre et leur force, seraient un obstacle à la possession tranquille de la terre. Les colonisateurs civilisés étaient impitoyables dans la pratique de ces éliminations sommaires. Il s'agit ici de faits politiques, c'est-à-dire, d'actions collectives de peuples constitués et organisés, agissant sur d'autres hommes, sous l'impulsion, non pas d'un instinct animal, mais d'une supériorité morale consciente et d'un « droit de civilisation ». Pour le Mongol de Gengis-Khan et de Timur-lenk, comme pour le colonisateur anglais, espagnol et portugais

(1) Élisée Reclus — L'homme et la terre.

de l'Amérique, l'élimination des habitants des territoires conquis n'était pas une impulsion animale, c'était une délibération raisonnée. De cette habitude est résultée la presque suppression d'immenses foules d'hommes, de tribus innomblables, voire même, de peuples et de nations. Renversons maintenant la leçon de ces événements et nous verrons que si l'homme était doué d'un élan instinctif pour le meurtre et pour la guerre, il en résulterait que l'espèce humaine n'aurait pu survivre que par des types exceptionnels d'êtres isolés et sans cohésion, proies certaines des bêtes leurs ennemies, bref détruites, comme toutes les espèces animales éteintes, par l'avidité inconsciente de nos ancêtres.

Si l'on puise encore plus loin dans ce tas de mobiles qui ont inspiré les crimes de sang et les carnificines, rapportés dans les documents historiques, ou transmis par la tradition, il est certain que les besoins et les nécessités de notre conservation et de notre développement y jouent un rôle insignifiant, par rapport à d'autres impulsions, absolument artificielles, acquises par voie de sentiment et d'intelligence : des goûts et des motifs d'émulation, de vanité et d'orgueil, bien moins essentiels, moins profonds et moins vitaux, que ceux de la nature.

L'amour, la recherche de la femme, l'émulation et la jalousie autour de la femme, ont joué un rôle marquant dans ces drames, qui, éclatant en scènes tragiques, conduisent parfois les peuples à des luttes sanglantes. C'est le seul mobile que l'on pourrait attribuer, à côté du besoin de nourriture, à l'impulsion d'un instinct.

Ici, pourtant, les faits contredisent encore la relation de causalité entre les impulsions de l'instinct et les emportements de la lutte physique.

Pour ce qui touche à la nourriture, il s'en faut d'un véritable entêtement pour affirmer qu'elle est la cause des luttes humaines, en face des résultats mêmes de la civilisation. Ce que l'on appelait, jusqu'à une époque rapprochée de nous, le monde civilisé, n'était qu'une vaste étendue de la Terre où des petites minorités jouissaient de tous les biens de la fortune et de tout le superflu du luxe, aux dépens d'une énorme masse, abrutie, misérable, famélique, courbée à la bésogne, tarie par la corvée, dévorée, jusqu' à la moëlle, par toute sorte de taxations et de peines. L'instinct animal de ces foules ne leur a pas donné la force ni leur a inspiré la pensée de sécouer de leurs larges épaules la bête de proie qui les dévorait; et si l'Histoire nous parle parfois de révolutions, ce ne sont presque jamais les gens de corvée et de bésogne, l'humble troupeau des laboureurs, la foule des taillables à merci, qui se révoltent : ce sont les gens de la ville, les seconds de l'équipe sociale, qui, tout en trainant après leurs drapeaux quelques miliers de gueux de la cité, inconscients de leurs droits et de leurs besoins, réclamaient la part de pouvoir et de commandement qu' ils croyaient due á leur fortune. Il a fallu que la société fût fondée, au cours du XIXe siècle, sur un ordre plus pacifique, pour que le peuple eût conscience de ses droits et les gouvernants y eussent porté attention. La guerre a été faite toujours aux dépens des plus forts, contre leurs intérêts et contre leurs destinées : elle n'a jamais donné satisfaction aux besoins des peuples; ce n'est que la paix qui a commencé à ouvrir les esprits à la contemplation de leur misère et les lèvres à la réclamation de leus droits.

C'est presque une boutade que de rappeler les élans passionnels, les combats chevaleresques de la galanterie, comme preuve d'une fatalité instinctive de certains emportements de notre nature. Certes, l'instinct sexuel, avec ses rudes passions, pour les matériels, et ses illusions romanesques, pour les sentimentaux, a une assez grosse part dans l'histoire de nos luttes. Il est même, dans cette période que l'on dirait répondre à l'adolescence du genre humain, dont la tradition nous transmet les fantastiques légendes, d'une vérité flottante entre le mythe et l'heroïcité, le fil d'or qui rattache toute la fable de ces poèmes, tissés de hautes envolées épiques et de repoussantes atrocités.

Après les chroniques des dieux, les épopées funambulesques des Jupiter, des Dionysos et des Apollon, les aventures des Hercule et des Thésée, tous les grands romans de la chevalerie primitive font de quelques figures sculpturales de femmes le sujet et le prétexte d'immenses tournois sanguinolents.

Serait-il pourtant bien vrai que la femme en elle-même, par l'attrait de sa beauté et de son charme, fut pour les hommes dont ces dieux et ces héros étaient la représentation allégorique (des êtres aux appétits grossiers et rudes) la cause de ces longues intrigues, à travers des périls sans nombre et d'horribles épreuves ? L'amour ancien était par trop physique, par trop matériel, jouisseur et exigeant, par trop facile à satisfaire et à mépriser, pour que l'on suppose la seule influence de la passion amoureuse dans l'héroïsme et le sacrifice d'hommes qui, en somme, regardaient les femmes en esclaves, souvent repudiées.

Jusqu'à nos jours encore, l'Histoire est plus ou moins empreinte des traits romanesques, lyriques, parfois malins et cruels, de l'éternel féminin : bien des assassinats, des duels, des rapts, de sombres combats autour des châteaux, peut-être même quelques batailles, ont été des épisodes de cet éternel roman qui enveloppe la chronique de notre espèce.

La recherche ou la conquête de la femme a, certes, exercé une influence plus considérable dans l'histoire des luttes humaines que la lutte pour la nourriture. L'instinct sexuel est le plus passionnant, le plus affolant, de tous les instincts. Les égarements de la passion amoureuse sont plus communs, plus acceptés même, se confondant souvent avec le sentiment, que ceux de tout autre mobile de nos âmes.

Excité, pourtant, dans la chaleur des combats, le sauvage, à qui la femme ennemie vient s'offrir, plaidant la cause de la vie devant le verdict de sa virilité, par l'argument de ses formes nues, tourne les yeux devant l'attirante figure, et frappe. L'exaltation de la haine l'emporte sur l'attrait de la volupté.

Il n'y a pas lieu de rappeler ici tout ce qui est l'œuvre de la femme, par sa beauté, par sa grâce, par son sentiment, dans l'histoire de la sympathie et de la coopération. Il ne s'agit pas ici que de réfuter la fameuse thèse de l'origine de la combativité dans ce que l'on appelle l'instinct. On vient de constater que l'instinct sexuel est le plus puissant de tous les moteurs de nos impulsions animales ; on vient de reconnaître, encore, que même en dépouillant l'amour de sa force et de sa puissance de suggestion, de tout ce qu'il y a en lui d'exagération poétique et romantique, il est la cause la plus commune des écarts de la droiture et de la raison, même chez des personnes normales. Peut-on dire alors que la femme et l'amour rentrent, d'une façon quelconque, dans les causes de l'état de paix armée et des possibilités de guerre ?

Cet instinct, comme celui de la lutte pour la vie, a laissé d'influencer, même d'une influence lointaine, les agissements de la politique et les farouches parades du militarisme.

C'est que l'instinct naturel entre pour bien peu dans l'histoire de ces mêlées et de ces collisions de peuples.

L'observation des mœurs contemporaines vient nous montrer que, de même que le besoin de nourriture, de confort et de bien-être matériel, l'instinct sexuel et l'amour ne reprennent le dessus, dans l'inspiration des actes humains, qu'à proportion que l'homme prend conscience de sa nature et des droits qui en découlent. Une des causes de l'irritation des classes inférieures et du prolétariat, dans le monde civilisé, se trouve justement dans les déceptions de l'amour. Les plus belles femmes des classes ouvrières abandonnent la société de leurs jeunes camarades pour chercher ailleurs l'aisance et le luxe ; et les ouvriers de notre temps commencent à se révolter contre cette spoliation à leur droit d'aimer. Les générations misérables qui se sont succédées au cours de l'Histoire ont connu l'amertume de cette déception. Et cette angoisse du plus humain des sentiments ne les a pas portés à la révolte.

Dans cette phase imaginative de la vie humaine, l'amour, qui inspirait aux plus forts le lyrisme triomphant des poèmes, les rapts et les séductions (lyrismes vécus), n'inspirait aux pauvres gens que la poésie mélancolique, le sacrifice. les consolations religieuses.

On ne faisait pas la guerre pour cela.

Il nous faut nous rattrapper pour bien préciser notre pensée. Notre but étant de prouver que la guerre ne répond à aucune véritable nécessité des peuples ; que le problème de la paix est arrivé à l'état de maturité et doit être posé comme problème pratique à l'esprit des hommes d'état, il faut suivre les arguments des militaristes ; et, puisque les partisans de la guerre commencent par invoquer une prétendue impulsion de nos instincts et de notre nature, il faut mettre à sa place la valeur de ce premier argument.

Qu'est-ce qu'il faut entendre par instinct et par nature humaine ?

Y-a-t-il vraiment un sens précis dans les notions qui répondent à ces mots ? On est habitué à appuyer sur ces expressions, comme s'il s'agissait de valeurs mathématiques ; on parle d'instinct, d'homme primitif, de nature animale, comme s'il y avait une échelle des états de sensibilité et d'intelligence depuis les actions réflexes des animaux jusqu'au raisonnement du philosophe et du sociologue ; comme s'il était possible d'arrêter un moment, dans l'évolution, où l'homme aurait acquis sa forme spécifique ; comme si le type humain ne fût pas, entre des individus d'époques différentes, et, à la même époque, entre les races, les nationalités et les classes, d'une si grande diversité.

Le type de l'homme inculte de notre temps et celui du savant sont d'une diversité plus frappante peut-être que celui du sauvage et de l'anthropopithèque.

On est même arrivé à parler, néanmoins, d'un « instinct » de férocité et de cruauté dans l'homme.

Ce ne sont là que des errements sur de graves questions d'Anthropologie, de Psychologie et de Biologie, dont les principes encore flottants font que les savants se heurtent toujours à de graves difficultés et se disputent sans cesse.

Il ne faut pas s'attarder à ces polémiques, véritables exercices d'acrobatie mentale sur des mots. La question doit et peut être posée en termes pratiques : la combativité est-elle une nécessité, une condition de l'existence de l'homme et de la société, un moyen d'obtention des éléments de conservation et de développement de l'individu et de l'espèce ?

Voilà ce qui semble démontré n'être pas vrai.

Avançons encore, pourtant, dans l'étude de quelques mobiles des guerres du passé et du présent.

L'Histoire est bien souvent un faux témoin qui mériterait de paraître devant le tribunal du bon sens. L'amas des conclusions hasardeuses avancées par la critique historique est la cause d'une foule de précipitations et d'erreurs dans la science sociale.

L'homme primitif a été combattant et aggressif ; donc, la guerre est une condition de la nature humaine : voilà l'appareil autour duquel roule toute la dialectique militariste.

Le fait est vrai, mais la conclusion est absolument fausse.

L'homme primitif, notre ancêtre, était l'habitant d'une nature brute, sauvage comme lui, qui venait à peine de passer par les dernières grandes étapes de sa formation géologique. L'écorce de la terre était dure et âpre ; sa surface, hérissée d'obstacles et de pièges ; des variations de climat et de relief embarrassaient, partout, le pas et la vie. Les derniers avancements des glaces venaient à peine de se rétrécir ; les mouvements sismiques, les sécheresses, les inondations, les « déluges », se multipliaient entre les pas de l'homme, l'arrêtant, le fixant, le détournant, le harassant, de tous côtés.

De là ces flots et ces courses de peuplades et de nations, ces déplacements de foules, ces invasions et ces conquêtes, qui avaient pour effet de déverser des montagnes sur les plaines, de contrée à contrée, des multitudes pourchassées par le froid, par la stérilité du sol, par la faim, et de rejeter des steppes lointaines sur les clans peuplés et les champs cultivés, ces avalanches barbares qui inondaient et ravageaient les pays.

L'homme, chassé par les averses, par la muraille montante des glaciers, par la sécheresse, par les tremblements de terre, a reçu de cette vie errante et troublée l'éducation de la terreur et de l'effroi, une âme inquiète, le besoin de se frayer sa route vers des lieux plus sûrs et plus accueillants. De là naît dans son esprit, harcelé par la cruauté de la nature, l'insouciance pour la vie et l'intérêt d'autrui.

Etait-ce l'instinct qui le conduisait ? Oui, mais ce n'était pas l'instinct qui le jetait sur la peuplade paisible, rencontrée au hasard de sa course : c'était la souffrance, c'était le désespoir de trouver ailleurs l'abri pour sa détresse ; c'était la passion, affolée par la gêne, par les obstacles et par les surprises du départ ; et, puis, c'était l'angoisse de la marche sur le gravier des montagnes, les sables du désert, la broussaille des forêts.

C'est cette vie de luttes matérielles, d'obstacles physiques, de surprises inconnues et terrifiantes qui a créé dans l'esprit humain la férocité aggressive. Les sentiments qui en ont découlés se sont réfléchis sur l'espèce ou sur la partie de l'espèce ébranlée par les flux et les ondées des migrations.

C'est à cette école que s'est formé l'entraînement belliqueux de notre espèce ; et ces mouvements se sont reproduits en étendue, à la longueur des siècles, par force de l'impulsion première, pendant ces âges où tout mouvement marchait d'une force spontanée et sans arrêt, jusqu'à ce que, ses causes étant supprimées, l'habitude en a perpétué les mœurs, dont d'autres faits et d'autres mobiles s'en sont emparés la force acquise.

Dans certains états de sauvagerie et même dans quelques civilisations, comme chez les Aztèques, la guerre était souvent faite dans le but de capturer des victimes pour les sacrifices religieux. A quel but naturel de l'homme cette habitude pouvait-elle répondre ?

Évidemment, le fond de mysticisme et l'élan idéaliste qui portent les esprits à rechercher le lien du mystère de leurs âmes avec le mystère de l'Univers, n'entrait pour rien dans ces hideuses cérémonies sacrificielles. Elles n'étaient qu'un rite religieux ; et ce rite n'avait probablement d'autre origine que la commémoration d'un souvenir traditionnel de la race : les frères brûlés dans le pays d'origine, à l'occasion d'un accident naturel ; les ennemis portés au bûcher, à l'occasion d'une conquête. Voici des guerres qui n'étaient que des habitudes absolument futiles, prétextées sous l'invocation puissante de la divinité.

Les Incas, d'autre part, ne faisaient la guerre que dans un but de prosélytisme. L'idéal de ces étranges souverains du grand empire communautaire n'était pas de dompter, de massacrer, ni de réduire à l'esclavage les peuplades voisines, mais de les soumettre à la foi du Dieu Soleil : des guerres religieuses, celles-là, faites d'ailleurs avec une humanité rare, leur plus grande sévérité consistant à les faire rebrousser chemin, en face des peuples absolument sauvages, indignes d'être incorporés à l'empire.

Certes, il y a eu, de par ces temps, des guerres, ou plutôt des expéditions guerrières d'un peuple contre le peuple voisin, motivées par un but de cupidité : vol de moissons et de troupeaux, de gibier, d'objets déjà convoités, peut-être ; cela ne devait être, pourtant, la cause habituelle des conflits, de même qu'elle ne l'est pas chez les sauvages contemporains.

Pour ceux-ci, la guerre est tout autre chose qu'un moyen de lutte pour la vie, ou un état de l'existence: elle se fait par haine, par rivalité, par antagonisme traditionnel, par superstition, par vengeance. L'orgueil de la tribu, sa renommée, des susceptibilités, tous ces scrupules frivoles mais passionnants, si puissants chez les esprits faibles, cristallisés, plus tard, dans la vertu chevaleresque et dans l'honneur militaire, tout cela parle plus haut dans ces âmes rudes que les intérêts pratiques, presque toujours inaperçus de gens sans ambitions, sur des milieux en règle prodigues de la grossière nourrîture recherchée.

C'est dans certains cercles d'anthropologistes, dont l'esprit, comme celui de tous les spécialistes, se laisse d'autant plus resserrer dans le cercle de leur science qu'ils y pénètrent en profondeur, que se trouvent les partisans les plus chaleureux de cette étrange doctrine qui rattache la guerre à la nature intime de l'homme, comme étant un attribut de sa propre vitalité. L'observation habituelle des mœurs des sauvages, de leur cruauté, de leur inconscience, de leur perpétuelle et incessante combativité, fait croire que ces êtres, qui semblent représenter le type humain en état de nature, sont des échantillons de l'espèce dans sa forme originaire. Le sauvage d'aujourd'hui est, pourtant, un type transformé, comme l'homme civilisé lui-même. Ce serait absurde que de croire que le nègre du centre de l'Afrique est dans le même état où se trouvait, par exemple, l'homme du Néanderthal.

Ces races ne sauraient se dérober aux lois d'évolution, de régression, de rétrocession ; elles se sont modifiées, avançant dans un sens ou dans un autre. La fixité est impossible dans la nature. Tout ce que l'on peut conclure de leur sauvagerie et de leur retard, c'est que le mouvement de transformation se fait d'une extrême lenteur et qu'il se poursuit dans le sens du développement de certaines habitudes rudimentaires.

La vie, rien que par la seule pratique de certains actes, par répétition et par imitation, est une éducation, donc, une suite de transformations. Le sauvage de nos jours n'est que l'homme traqué par les accidents de la nature et par les autres hommes, dans les forêts, dans les iles, dans les déserts, sur le haut des montagnes ; leurs mauvais penchants se sont aiguisés et irrités dans l'isolement sur une terre agreste et dans un état perpétuel de lutte ; leurs sentiments sont des impulsions fixées et surexcitées pendant des siècles par ce que l'on pourrait appeler la civilisation à rebours.

Cet homme n'est pas l'égal de l'homme primitif, d'une animalité vierge d'expérience sociale ; fixé au fond de sa vallée, caché par le rideau de ses forêts et dans l'enceinte, encore plus forte, de sa terreur ; ignorant à ses côtés le monde et son semblable ; impuissant, par cette ignorance, devant l'attaque de ses ennemis et les catastrophes de la nature, il a l'âme empoisonnée par une longue expérience de douleurs, de misères et d'angoisses et par les épreuves des migrations et de cet éternel état de siège qui l'a cantonné dans son rocher ou dans sa «taba».

Même pour ce rude aventurier des forêts, la guerre est bien autre chose que le moyen de voler du bétail ou du maïs. Il ne risque sa vie que pour la gloire de son « totem », en revanche de quelque insulte, en représaille, pour se donner la mesure de sa force. C'est par ces mots qu'un chef indien faisait la péroraison de ses récits de guerre, après s'être vanté d'avoir mangé plus de cinq mille ennemis et de se comparer au jaguar : « Je suis grand ; je suis puissant ; je suis fort. » Toutes ces ripailles de chair humaine n'étaient que des flatteries à son orgueil, des hommages rendus à sa « volonté de puissance ». On sait que l'anthropophagie n'a pas son origine dans le goût pour la chair humaine, mais dans une cause de nature religieuse. Par ses sentiments et ses préférences, le sauvage répond plutôt à l'homme migrateur de l'âge proto-historique, et peut-être à quelques types barbares du moyen âge. C'est un type avancé dans le sens de l'excitation de la combativité et de l'ivresse du sang: le modèle attardé d'une sorte d'atavisme féroce. C'est un développement, ce n'est pas un arrêt.

La physique de la Terre est le premier régulateur de l'évolution humaine. L'homme, simple jouet aux prises des phénomènes, traqué, pourchassé, balayé, en masses, du désert vers la montagne, d'une steppe vers la forêt, toujours en éveil, poussé par la tempête, ou par un autre flot humain, a vécu des siècles à fuir la terre et l'eau, la glace et la chaleur, à s'écraser, à se remplacer, à se mêler. La perspective lointaine des nations n'est qu'une sombre et confuse succession de races qui se heurtent, se détruisent, s'entremêlent, faisant succéder leurs flux et leurs ricochets, sous la pression de causes physiques. Les accidents naturels ont été, nécessairement, les causes des migrations, les origines des conquêtes, des déplacements, des invasions. Les légendes en donnent le témoignage.

La nature a continué d'être, pour longtemps, aggressive. Pour chaque petite tribu, pour chaque nation déjà formée, le milieu avait toujours des menaces et des surprises. L'habitude aidant, les religions inspirant les « guerres saintes », les croisades, le massacre des infidèles, puis l'ambition des plus forts et des plus habiles, bref, le despotisme et les conquêtes, ont commencé à fondre dans les âmes cette lie morale, faite de haine, de vanité, d'insouciance, d'orgueil, de légèreté, dont l'alliage sert à frapper la monnaie à double coin de patriotisme et d'hostilité.

Dès lors, la guerre s'est perpétuée par tradition, comme une institution de nature profondément politique. Et de ce qu'elle est une création de la société et un phénomène purement politique, on a la preuve dans la suppression du duel et de la guerre privée, chez presque tous les peuples, et la parfaite régénération des descendants des sauvages, élevés par des civilisés. Toute la férocité amassée dans ces âmes par un héritage de plusieurs siècles s'évanouit d'une génération à l'autre, à la seule influence de l'éducation.

On suppose encore trouver dans certains penchants de notre tempérament social un argument favorable à la nature belliqueuse de notre caractère : l'esprit querelleur, le goût pour la discussion, pour le débat, pour l'éreintement, pour l'intrigue, les habitudes tapageuses de quelques uns, la manie procédurière des autres.

Tous ces travers humains n'ont rien à voir avec l'esprit belliqueux, même lorsqu'ils prennent une certaine importance, par la contagion, ou par l'influence de ceux qui s'en laissent dominer.

Le querelleur, l'intrigant, le bourgeois procédurier, l'homme à esprit tapageur, sont des natures tout-à-fait opposées à celles des grands généraux et des faiseurs de révolutions. Leur ardeur ne les conduit jamais aux tournois chevaleresques ; et si la parole et les gestes de certains agitateurs aboutissent parfois à entrainer les foules dans les guerres civiles, ce ne sont là que des rapports accidentels entre des faits sociaux et psychiques qui, tout en se confondant, ne se rattacheraient pas s'il n'y avait l'intervention d'autres éléments.

Les révolutions et les guerres civiles de notre temps ne sont pas l'effet ni de l'esprit de combativité des foules ni d'agissements des politiciens ; elles résultent de causes bien plus profondes : l'existence, dans toutes les sociétés, de problèmes non résolus ; la longue et douloureuse irritation des foules, sous la pression de besoins et d'aspirations jamais satisfaits.

Ce sont des états émotifs des opinions et des peuples ; et, en tant qu'états émotifs, ils représentent le réveil de la sensibilité et de la conscience populaire jusqu'alors endormies.

Pour bien saisir ce caractère des guerres civiles et des révolutions il faut avoir en vue la pensée qui rattache et qui pénètre tout l'ensemble de ce travail : les perturbations violentes de l'ordre social sont des faits politiques et elles résultent de la hiérarchie et de l'organisation imposées aux sociétés. Révolutions, guerres sociales et guerres civiles ont été, jusqu'à nos jours, des luttes de concurrence politique, où ceux qui ont exploité, dans les sociétés, le métier politique, avec leurs conseils, leurs état-majors et leurs partis, ont fait le jeu de leurs ambitions et de leurs forces.

Si l'évolution politique n'est pas encore arrivée à cet état normal où la direction de la société sera le rôle des êtres d'élite, de savoir et de caractère, il est à remarquer déjà un avancement considérable dans ce fait que la guerre n'est plus un moyen admis de compétition politique. On a obtenu, à force de discipline, peut-être même un peu, à force d'éducation, mais, surtout, à force d'élargissement des cadres des professionnels de la politique, la paix, ou une trève durable, pour cette sorte de conflits.

Il n'est pas vrai qu'il existe, dans les sociétés modernes, un besoin de combativité physique, qui chercherait à se déclancher dans la guerre civile, après de longs états de paix internationale. Ce n'est pas seulement cette fougue, mais, encore, le trait guerrier des luttes politiques nationales, qui sont choses effacées de nos mœurs. On trouve encore bien des peuples et des nations d'un caractère plus ardent, où les accidents de la politique provoquent parfois des crises presque explosives; mais, même chez ces peuples on ne se bat plus pour des gros mots et les foules ne se laissent pas emballer par les explosions oratoires de leurs tribuns.

Les guerres civiles et les révolutions probables de notre temps sont celles des intérêts et des problèmes sociaux. On n'y saurait trouver rien d'instinctif, rien d'emotionnel, rien d'aggressif, dans le sens d'une tendance naturelle pour la lutte physique.

LA PAIX, LA CONNAISSANCE ET LA PENSÉE HUMAINE

Autour de l'idée de la paix universelle, ainsi que de toutes celles qui traduisent des idéals, des aspirations et des programmes politiques, régne, dans la pensée de presque tout le monde, une grande confusion.

La paix universelle est un idéal : cela, tout d'abord, suffit pour réveiller la méfiance de ceux qui se supposent des gens pratiques ; elle est une aspiration morale que l'on confond souvent avec celle de la fraternité humaine, du bonheur de notre espèce, d'une ère nouvelle de bien-être pour tout le monde : et voilà de quoi crier à l'illusion, à l'utopie, à la croyance au « milénium » ; elle rappelle, encore, quelque chose d'irréalisable comme le projet d'un régime social bâti de toutes pièces, tel que la République de Platon, l'Utopie de Thomas Morus et certains systèmes collectivistes et socialistes ; et s'en est fait de toute possibilité d'accord.

Pour l'esprit de tout le monde (et ce « tout le monde » comprend bien des gens haut placés dans la direction de nos destinées et de nos opinions) le seul nom d'« idéal » a de quoi faire perdre toute confiance, et toute suite dans la pensée. L'idéal pour ces gens, qui n'en ont pas même une notion assez nette dans les choses de l'art et de la poésie, n'est que le synonime du rève, de l'imaginaire, du fantaisiste. Sauf l'idéal religieux, que presque tout le monde admet par la même raison qui fait repousser les autres : l'habitude et la discipline de l'esprit aux conventions dominantes ; tout ce qui a semblant d'un idéal effraye les intelligences et fait arrêter les volontés. L'esprit de notre époque est une sorte de poussin de couveuse qui n'aime pas à se hasarder loin de la chaleur et au dehors du vitrage protecteur de sa demeure ; et, dans nos démocraties contemporaines, la meilleure forme que les gens de la politique ont trouvée de s'assûrer la bienveillance des peuples est de se conformer à leur indolence, à leur négativisme, à leur peur de penser.

On a écarté de la vie privée et de la vie publique, l'inspiration de l'idéal, sous pretexte de positivisme et de bon sens ; et l'on ne s'est pas aperçu que cette conception empirique de la marche de notre pensée et de notre volonté vers l'avenir renferme une sorte d'impulsion mécanique, sous le commandement de l'habitude, de l'intérêt immédiat et des conventions, qui fait de nos pas sur la vie et des mouvements de la société, quelque chose comme l'agitation d'un malade souffrant d'une incoordénation des mouvements qui ne lui permettrait pas de placer les pieds qu'à côté et en arrière.

Sa notion epistémologique à part, et celle-là n'intéresse que les rapports de notre esprit avec la connaissance et la réalité, l'idéal a, pour notre intelligence, une tout autre signification : il n'est pas l'opposé du réel et du positif, mais 'opposé de l'idée. L'idée représente une création mentale existante dans l'esprit ; l'idéal n'en est que la représentation future. Idée et idéal sont des faits intellectuels, semblables aux faits moraux de satisfaction et d'aspiration.

L'idéal pourrait être défini : une idée en aspiration, ou l'aspiration d'une idée ; et, par extension, à cause de l'insuffisance de notre langage : l'aspiration d'un sentiment. Nos intelligences sont pleines d'idées, nos cœurs pleins d'aspirations ; il n'y a pas d'esprit, parmi ceux-l même qui tiennent à des conceptions sceptiques de la vie, qui ne soit pas guidé en quelque sorte par un objectif purement idéal, placé, en abstraction, dans l'avenir. La passion philosophique, l'amour de l'art et de la science, le souci du style, la seule jouissance esthétique, ne sont pas autres choses, en somme, que des idéals, des successions d'idéals et de réalités, des chaines de désirs et de jouissances, qui se renouvellent sans cesse. La seule adhésion à une idée, même à une idée négative, la seule croyance à la Science, à la Philosophie, dans l'Art, renferment le culte d'un idéal, puisque la pratique et l'exercice de l'étude et de la contemplation imposent un mouvement constant de l'esprit dans le sens d'une abstraction qui n'est pas réelle.

Notre existence n'est autre chose qu'une marche continuelle de la réalité vers l'idéalité. Tout ce que nous nous représentons dans l'avenir n'est qu'une image ou un idéal. La vie la plus simple et la plus grossière est toute faite de ces enchainements de petites prédictions et réalisations qui forment la trainée continue de l'être pensant et de l'être agissant. L'idée serait impossible sans l'exemple des faits aperçus : et le fait n'existerait pas sans sa conception antérieure. Le diner et le repos, la soirée au cabaret et les loisirs du dimanche ne sont que des petits idéals, pour l'esprit du laboureur inculte.

Entre ce sens, qui est le sens le plus juste, et le sens populaire, dont on a parlé tout-à-l'heure, il y a un autre, rattaché à la conception de certaines aspirations d'un but purement moral, généralement confondues avec nos penchants sentimentaux. L'idéal n'est alors que l'excitation de certains états de sentiment. C'est sa conception romantique.

Il y a, certes, toujours, une impulsion de sensibilité dans toute notre direction psychique. Nous agissons tous, primordialement, en raison de notre sensibilité. Opposer, pourtant, la sensibilité qui inspire la direction générale de nos sentiments, de nos idées et de nos actes, en argument contre la vérité de ces idées c'est raisonner imparfaitement, puisqu'on ne fait que remplacer la question de la superiorité des idées par celle de la superiorité des tempéraments.

Si l'on écarte les cas maladifs, toutes les façons de sentir la vie et le milieu sont des penchants naturels dans un sens favorable à l'adaptation. Il n'est pas besoin d'admettre une formule préconçue du progrès, ni de supposer quelque prédestination finaliste à notre devenir, pour croire à cette idée élémentaire que notre existence, effet d'un ensemble de causes favorables à l'éclosion et au développement de la vie, implique la nécessité d'une sorte d'harmonie et d'équilibre entre l'être vivant et son entourage. Cette harmonie, que l'on peut concevoir dans un degré d'approximation d'autant plus juste que l'homme aura la connaissance de son milieu et qu'il a exercé son pouvoir de raisonnement, commence, qu'elle soit physique, morale ou mentale, par des faits de sensibilité. Être sensible, voilà la première marque de conscience : et qui est-ce, à présent, qui n'a pas le sentiment de l'atrocité de la guerre et de la contradiction de son existence avec nos mœurs et nos institutions ? C'est cette sensibilité qui explique justement les raisons présentées pour en donner une base rationnelle, depuis que l'on en a ouvert le débat au tribunal de la raison.

Il y aurait trop long à dire sur les problèmes moraux et psychologiques de notre sensibilité ; sur la pitié et la charité, sur l'impassibilité et l'indifférence : sur l'étendue de notre impressionabilité, devant ces grands maux humains qui embrassent, en ensemble, des peuples et des époques, sans que nos yeux et nos oreilles en reçoivent le contre-coup direct ; mais, s'il existe un fait psychique prouvé par l'expérience, c'est justement la force de notre penchant d'abnégation et de sacrifice. Le nombre des êtres voués à des œuvres altruistes ne se mesure pas au nombre de ceux que l'indifférence retient dans l'egoïsme et la perversité à la pratique du mal.

Du mysticisme ascétique au scépticisme de Timon d'Athènes, la gamme de la sensibilité a des degrés innombrables ; mais elle est absolument identique, sur deux points principaux : l'homme n'aime pas le sacrifice de l'homme ; l'homme a le culte du sentiment et de la pensée. Ce sont des faits que l'on pourrait appeler des *minimums* de sensibilité morale collective. Le militarisme et la guerre en sont, par eux-mêmes, des preuves. On ne se bat que par patriotisme, c'est-à-dire, par force d'un sentiment moral supérieur, que l'on croit exiger, en certains cas extrêmes, le sacrifice de l'étranger au bien-être des nôtres. Le patriotisme et le militarisme sont des faits de sensibilité altruiste appliquée dans un degré de desintéressement et d'abnégation que l'idéal de la paix est loin de demander.

Entre ces deux penchants altruistes, cependant : la bravoure militaire qui mène à la bataille par un aveugle renoncement de la personne, et l'amour de la paix, qui inspire l'idéal d'une entente entre les peuples, lequel témoigne d'un état de sensibilité plus élémentaire et plus bas ?

Les foules et les gens du monde ignorent les choses de la guerre et ses causes, la politique et ses intrigues, les intérêts de la société et l'influence de la politique militaire sur leurs intérêts ; en fait de conscience, ils connaissent à peine par cœur la vieille chanson de la guerre et du patriotisme, et ils marchent sur les chemins battus des préjugés, en troupeau obéissant, pour un sacrifice incompris et une gloire inconsciente.

La sensiblerie des pacifistes serait-elle moins humaine, moins normale, que cette sensibilité de convention ou d'habitude, de passivité ou de passion, qui nous fait nous ruer contre des hommes, déclarés nos ennemis par décret officiel, pour des motifs dont nous n'avons presque jamais conscience ?

Mais la conception quelque peu doctrinaire, quoique juste, de l'idéal, et l'impulsion du sentiment et de la sensibilité ont peu à voir avec le problème de la paix, tel qu'il se présente aux yeux de ceux qui l'envisagent au point de vue politique contemporain. Pour ceux-ci, le problème de la paix n'est, ni plus ni moins, que le même vieux problème du concert et de l'équilibre européen, généralisé à tout le monde, grâce à l'étendue des rapports et à la multiplication des intérêts, et soulevé par des raisons plus puissantes.

S'il ne faut pas renoncer à l'origine et à la nature morale de notre idéal, il nous faut voir que le problème n'est plus placé comme une aspiration, mais comme une question politique, comme l'équation politique du présent, posée par les faits, et demandant, comme toutes les questions de fait, non pas une solution théorique, mais le complément et le couronnement d'un autre fait. L'aspiration de la paix, telle qu'elle se présente à nos yeux, doit être dégagée de ses attributs purement moraux et affectifs, envisagée à part de ses buts, nobles mais indirects, et peut-être lointains, de fraternité humaine, d'établissement d'un régime d'amour et de justice entre les hommes et les nations. Ce sont des idéals, dont on se sera rapproché par l'établissement de la paix, mais ce ne sont pas les buts du problème actuel. La paix, par son côté social et par l'état d'ordre matériel qu'elle se propose de créer, la paix comme un état policé généralisé, est une aspiration positive, mûrie par les intérêts de l'homme, des sociétés et des gouvernements : voilà l'étape actuelle de la politique pacifiste.

Et ici se place, d'abord, une première question : celle de l'exactitude de cette position du problème et de la possibilité d'en établir les données et d'en prévoir la solution.

On a opposé, en des travaux récents, [1] à la logique du pacifisme et à la prétention de prédiction de la méthode des recherches politiques et sociales, une contestation radicale : les faits sociaux appartiendraient à l'ordre des phénomènes insaisissables à notre raisonnement, au domaine de l'incalculable : il serait impossible de les prévoir, d'en chercher des solutions. La connaissance humaine resterait toujours au dessous des opérations complexes des facteurs de la vie sociale...

(1) Jules de Gaultier — *Mercure de France*, 1912 : *La Présomption Sociologique*.

Rappelons, tout d'abord, que, de l'aveu même de son auteur, cette théorie de l'incalculabilité des opérations de la société, se rapproche de la doctrine de l'imprévisibilité de M. Bergson, et que ce philosophe arrive, au contraire de son confrère, à des conclusions bien plus optimistes, au sujet de la guerre et d'autres problèmes humains.

Cette objection préliminaire à la possibilité de donner des solutions aux problèmes sociaux est passible d'une grave critique, également préliminaire. La question théorique de l'étendue et du pouvoir de notre connaissance est une question essenciellement métaphysique. Elle a été soulevée à propos des grands et inépuisables débats des catégories fondamentales de la connaissance, des questions de substance et de forme, de l'être et du non-être, de l'essence, du réalisme et de l'idéalisme, de l'absolu, de l'infini, du temps et de l'espace.

Développées jusqu'à d'immenses profondeurs et à des subtilités microscopiques, ces débats semblaient destinés à épuiser sans résultat l'effort et le temps des esprits les plus éminents. C'est alors que l'idée est venue de poser la question de la capacité même de notre intelligence pour en donner satisfaction. C'était, on le voit, une façon de tourner la difficulté, par une négation de compétence et d'autorité. D'autres ont trouvé, plus tard, une autre solution, peut-être plus habile et plus logique : l'inutilité des recherches sur les causes premières et finales.

En métaphysique, la solution était acceptable : d'abord, parce que la stérilité des débats était un argument assez concluant, pour la doctrine ; ensuite, parce que l'insuffisance de notre pouvoir de connaissance est parfaitement appuyée par des faits de notre expérience et par les données de notre raison. Les catégories métaphysiques montrent, par leur seule énontiation, une nature tellement vague et fluide qu'il est presque impossible d'en concevoir la position en termes de problèmes.

Mais ce mot de métaphysique est un mot dont on abuse ; on l'a fait glisser du royaume des idées transcendantes dans celui des choses et des faits, depuis que l'esprit s'est trouvé en face de questions non susceptibles de solution par les méthodes des sciences exactes ; de là, l'application de l'objection epistémologique et logique aux questions de la vie sociale.

Le calculable est un concept mathématique et il reste dans les Mathématiques, tant qu'il s'agit de problèmes purement abstraits. Au dehors de l'abstrait, il n'y a plus de calculable, ou, ce qui revient au même, il y a toujours, dans tout raisonnement et dans toute recherche, plus que du calculable. Même sur ce terrain si positif des Mathématiques, ne faudra-t-il pas mettre, avec Poincaré, à la base de la connaissance, cette vague et indéfinie faculté de l'intuition ? Donc, une première défaillance de l'idée du calculable.

Mais dans les applications les plus rigoureuses des Mathématiques, le calcul ne supplée pas les données des sens, des instruments, de l'expérience et cette autre faculté de coup d'œil et d'ensemble qui fait que certains praticiens deviennent des hommes de génie, n'agissant sur d'autre base que celle de l'intuition.

Dès que l'on quitte le terrain des applications où les Mathématiques règnent en souveraines, le calcul perd presque toute sa force. Les problèmes de la vie ne sont jamais des problèmes susceptibles de calcul. Si les faits du monde organique comprennent souvent des problèmes de mécanique, de physique, de chimie, susceptibles de réduction à la symbolique des nombres, non seulement la plupart des phénomènes qui composent la vie ne le sont pas, à moins que l'on ne confonde l'emploi du calcul, moyen de raisonnement et de solution, avec des opérations et des formules d'une nature plutôt mnémonique ; mais encore les recherches plus sérieuses montrent que, par delà les phénomènes classifiables dans les cadres de nos sciences, la vie contient une foule d'éléments qui n'ont pas encore été saisis par nos instruments de recherche et par les pouvoirs de notre intelligence. Tous les problèmes sur l'organisation vitale et sur le fonctionnement intime de la vie se dédoublent en d'autres problèmes. Le calcul est impossible, pour des effets pratiques. là où il n'est pas possible de définir des unités.

Les sciences de la vie seraient donc condamnées, à l'égal des sciences politiques et sociales, à une entière stérilité pratique. Tout le monde reconnait, pourtant, qu'il y a, en Biologie, un certain nombre de connaissances assez sûres et un nombre déjà considérable d'applications utiles ; et, s'il est vrai que certaines de ces connaissances et de ces applications ont été portées à des généralisations hâtives, qu'elles n'ont pas donné tous les résultats désirables, et s'il se peut qu'elles se soient perdues en de fausses routes ou heurtées à des obstacles imprévus, la faute n'en est pas à l'incalculabilité des faits biologiques, mais, tout au contraire, à l'excessive fidélité des savants aux principes et aux méthodes de leurs sciences, à cette étroitesse d'attention et cette jalousie qui retiennent les spécialistes dans le cercle de leurs pensées et qui les conduisent à imposer les aperçus particuliers de leur angle d'observation et de leur zone de connaissances à des faits qui demandent d'autres lumières et une plus large investigation.

Le souci du calcul et la rigueur des méthodes d'observation et d'expérimentation sont causes fréquentes de l'insuccès de ces sciences, qui porteraient à des conclusions bien plus utiles et intéressantes si les savants ne se laissaient pas cantonner dans leur cercle borné d'idées, ni s'égarer, par la curiosité des recherches, dans le dédale infini de stériles ou inopportunes investigations.

Les problèmes humains se réduisent à des questions d'utilité et d'opportunité, et toute vérité, comme toute idée purement théorique, qui ne répond pas aux interrogations de son heure et de sa place est nuisible. Avancer les progrès de la science par delà les problèmes présentés par les faits, c'est bouleverser l'évolution, troubler violemment le développement continu et méthodique de notre marche vers l'avenir. Et la science des savants et celle des inventeurs, avec la rigueur technique de ses méthodes et ses curiosités partiales ou latérales, est responsable de bien de révolutions dans le progrès de l'esprit humain.

La faute du retard et des écarts de notre connaissance n'est pas dans l'insuffisance de nos méthodes de recherche, mais dans l'étroitesse de notre coup d'œil et dans l'énivrante séduction que la logique et le travail du métier exercent sur les savants.

Ce n'est pas à nous de montrer, dans ces pages, la nature de ces pouvoirs de notre esprit chargés d'assembler les éléments des problèmes pratiques, d'en faire le triage, l'analyse, la classification, les inductions et les déductions. Ce qui est bien certain c'est que chaque étape de notre développement nous montre qu'il y a, à côté des vérités et des faits rassemblés dans les systèmes, tout un monde d'autres faits, de phénomènes et de rapports, sur lesquels nous agissons constamment et qui agissent sur nous, dont l'ensemble nous enveloppe bien plus étroitement et nous pénètre plus profondément que les phénomènes enregistrés dans les casiers de notre connaissance intellectuelle.

Tandis que l'intelligence et la science ont fait pénétrer leurs lumières et développer leurs branches du côté des problèmes exceptionnels de la vie, suivant en cela la direction que l'origine même de l'investigation scientifique a tracé à l'esprit des savants, presque toute notre existence est faite d'une succession de faits inaperçus, qui en forment le canevas sur lequel l'esprit de tout le monde exerce continuellement une faculté, ou un ensemble de facultés, où l'on pourrait détacher de l'observation, de l'expérience, du jugement, du choix, des associations de tout genre, un mélange de données empiriques et de raisonnement.

M. Bergson [1], ayant bien compris toute l'étendue de ce côté de notre esprit et des faits qu'il domine, a trouvé, dans sa distinction de l'intuition et de l'intelligence, la clef de ce troublant mystère. A propos de sa théorie, on ne peut pas éviter la remarque que, dans ce retour à l'intuition, l'éminent philosophe semble s'être laissé séduire par ce souci d'unité, ce besoin de caractérisation, de *diagnose*, qni est au fond de la curiosité et de l'ambition de tout intellectuel, de ceux, surtout, qui tiennent à frapper l'empreinte de vérités définitives.

L'intuition, développement de l'instinct, est peut-être une forme d'action mentale trop simple, trop rapide, trop élémentaire, pour ce travail, qui est, en somme, la fonction normale de notre cerveau, de diriger et de contrôler les mouvements de nos pas dans les accidents de la vie. Ce n'est pas seulement par cette sorte de projection de notre lumière intérieure sur les choses du dehors, par ces synthèses instantanées, qui rappellent les représentations, plus simples encore, des réactions senso-motrices, que nous avons prise ordinaire sur les choses extérieures et que nous poursuivons le train de notre vie dans le temps et dans l'espace.

En ce monde des perceptions qui appartiennent à la conscience et qui n'appartiennent pas à l'intelligence, nous marchons, tous, à l'aide de données et de méthodes, tout-à-fait différentes de celles de l'instinct et de celles de la connaissance.

Le savoir et ses méthodes, placés par l'esprit d'érudition au premier plan de notre mentalité, n'en est, en fait, que le paysage choisi par le goût esthétique des intelligences sur le fond des choses complexes et profondes de l'existence. La vie s'écoule toute, dans sa normalité et dans sa grandeur, entre les deux frontières de l'instinct et de l'intelligence ; et, de même que les faits et les fonctions de cette part moyenne de notre vie, la plus vaste en étendue et la plus forte en

(1) L'évolution créatrice.

intensité, est entretenue par une foule compliquée de rapports, l'action de l'esprit sur ce monde est une action bien plus pénétrante et plus variée que celle de l'intuition.

Du côté des choses de la vie pratique, les inventions et les progrès se sont réalisés à pas lents, par des gradations progressives. Les puissants engins agricoles de notre âge sont des agrandissements de la charrue des egyptiens, et nos imposantes machines, des applications du feu, découvert par nos ancêtres, habitants des cavernes. Est-ce par intuition que nos ancêtres ont conçu leurs premiers instruments et qu'ils en ont multiplié les perfectionnements? Évidemment, non. De la première sensation qui aurait suggéré la possibilité d'une invention, aux raisonnements qui ont abouti aux grands perfectionnements contemporains, l'esprit de nos aïeux a passé par bien plus de travaux que celui de la seule opération, presque réflexe, de l'intuition.

S'il est aisé d'y trouver des traits d'intuition, on en peut encore dégager des éléments d'observation et d'expérimentation, de la conception et de la généralisation ; mais tout cela, comme bien d'autres éléments, tels que l'analyse et peut-être même un certain pouvoir de coup d'œil et d'approfondissement fait d'associations et d'aperceptions de differentes natures, s'entremêle et se confond tellement dans la traine courante de notre vie mentale qu'il serait hasardeux d'en prétendre fixer les caractères et l'ensemble.

Le défaut de la pensée savante, dans l'étude des questions posées par les problèmes modernes, c'est que, tout en reconnaissant les vides de son savoir, elle n'a pas le courage de briser ses cadres et de chercher ailleurs de nouveaux spécimens et de nouvelles hypothèses. M. Bergson, par exemple, semble s'être attaché à s'entr'ouvrir, au moyen de cet instrument de l'intuition, une nouvelle éclaircie sur le large horison des réalités métaphysiques et le monde, encore plus vaporeux, de l'infini et de l'absolu, peut-être même de la croyance. Évidemment, il n'y aurait pas lieu pour des instruments tels que l'observation, l'expérimentation et l'analyse ; et ce serait ironique que de s'en rapporter à la conception et à la généralisation.

Pour ceux qui tiennent à resserrer le cercle de leurs connaissances et de leurs recherches dans le monde de la réalité humaine, et, tout au plus, dans cette atmosphère de choses et d'idées utiles à l'homme et à sa vie, la question se pose d'une toute autre façon. Nous n'avons pas à calculer, puisque, comme le dit très justement M. Jules de Gaultier, tous ces problèmes sont incalculables, mais nous n'avons pas également à envelopper, avec notre pensée, tout l'horison de l'étendue et de la durée. Nous n'avons pas même tout-à-fait à trouver et à découvrir ; nous n'avons qu'à constater, à enregistrer et à exercer sur cette foule de documents une foule d'opérations mentales, de toutes sortes et de toute nature, qui doivent nous conduire à nous faire représenter d'avance les événements.

Or, si tout homme d'intelligence moyenne pratique tous les jours, à l'aide de ces procédés vulgaires que l'on confond sous les dénominations populaires de sens commun et de bons sens, des opérations sur les divers problèmes de sa vie et de la vie d'autrui, des opérations dont on n'a pas conscience de même que l'on n'a pas conscience du fonctionnement de notre esprit dans les travaux de l'intelligence, il n'est pas moins vrai que le travail mental des hommes plus élevés en capacité est fait d'une série d'opérations entièrement différentes de celles de nos études et de nos exercices scolaires, et que, dans la pratique de ces professions qui demandent une préparation scientifique ou technique, le bagage de nos études est presque toujours inutile. Le métier est exercé avec des idées d'expérience et d'observation, tout-à-fait indépendantes des idées théoriques.

Si ces faits sont indéniables, il n'y a qu'une seule difficulté à franchir, pour ce qui est de l'étude des problèmes qui n'ont pas des buts matériels ou ne s'attachent pas à des sujets concrets. Le jugement du gros public comprend bien la somme de talent employée par un architecte dans la construction d'un bâtiment, par un ingénieur, dans celle d'un chemin de fer, par Edison, dans une invention. Comment appeler le pouvoir, ou les pouvoirs, qui font la différence entre la seule perfection technique d'un bon exécuteur et l'art supérieur d'un esprit créateur? Voilà, même dans ce pur domaine de l'action de l'esprit sur la matière, une première question qui n'est pas facile à trancher. Lorsqu'on en remonte jusqu'à ce monde des créations intellectuelles qui ne se corporisent pas en masses et en lignes, la chose est bien plus compliquée.

L'invention et la pensée sont, dans le monde des conceptions et des généralisations, non pas seulement insaisissables au gros public, mais elles planent presque toujours au dessus de l'esprit critique de l'époque; les plus hautes intelligences même ne se sont pas encore tout à fait rendues compte de la valeur des inventions de l'esprit abstrait. En vérité, le prix des grands poèmes et des grands systèmes philosophiques est fait plutôt d'estime que d'une véritable cotation, dans les échanges de l'esprit. Ce serait un travail négatif en bien des cas que celui de vérifier la force effective d'une pensée, par sa seule valeur de pensée, dans l'évolution humaine jusqu'à nos jours.

Et, pourtant, personne ne conteste pas la réalité de cette force qui a permis aux penseurs grecs de prévoir et de dévancer les recherches et, bien souvent, les solutions de notre temps.

L'existence de ce pouvoir de perception supérieure, de cette sorte de faculté de généralisations rapides et d'obscurs calculs abrégés dont nous ne retenons pas les facteurs mais qui arrive à des conclusions nettes et souvent précises, ne saurait être contestée par des esprits vraiment observateurs. Et cette constatation peut être faite d'une façon claire dans l'histoire de l'administration et de la politique.

La capacité d'administrer est un talent qui n'a rien de commun avec l'intuition et, encore moins, avec l'intelligence, dans le sens de faculté de la connaissance. Il y a des hommes illettrés qui sont d'excellents administrateurs, parfois même d'admirables organisateurs, tandis que bien souvent des hommes de haute culture et de vaste savoir technique échouent dans la direction de petites affaires. Cela, pour ce qui est de l'administration privée.

Et dans la politique ? Pourrait-on, vraiment, nier l'effective et consciente influence exercée sur les destinées des peuples par l'action de ces hommes que le hasard a doué du privilège de transformer en actes les conceptions de leurs cerveaux ?

Là est la grande vérité dont l'histoire fournit un abondant dossier, rempli de preuves : notre vie est, par dessus tout, l'œuvre des agissements des grands dominateurs d'hommes. La Révolution française et Napoléon, par exemple, ont exercé sur les événements de l'Amérique une influence peut-être plus considérable que celle de ses colonisateurs ; et, si le grand Empereur n'a pas prévu cet effet indirect de ses pas, sur la carte du nouveau monde, il n'est pas moins vrai qu'il a prévu l'influence de sa législation et de son organisation administrative sur la France, ainsi que celle de ses victoires sur les destinées de l'Europe. Et Napoléon était un conquérant, un politique d'improvisations et d'impulsions; mais Washington, celui-là, a laissés enrégistrés dans ses écrits les legs de bien des gloires et des événements futurs de la République dont il a été un des grands fondateurs.

Toute l'Histoire est pleine de prévisions et de prédictions. Ce serait presque puéril que d'en tenter esquisser l'inventaire. Et il vient à propos de signaler ici une idée capital : la vie des peuples et les grands mouvements des sociétés étant faits de la somme et de l'inter-action des rapports les plus grossiers et les plus superficiels des hommes, il est plus facile de poser et de résoudre un problème politique que de résoudre un problème de psychologie individuelle ou de rapports personnels directs.

Sur les fluctuations des générations et sur ce perpétuel travail de tissage des vies sur le canevas du milieu physique et du milieu humain, l'étude de l'Histoire sociale et l'étude comparatif des sociétés permet d'appliquer tout l'ensemble de nos pouvoirs intellectuels et de nos méthodes. L'analyse est féconde en résultats, au point de vue de l'économie et de la statique sociale, mais la méthode caractéristique de la politique sociale est une méthode d'ensemble, de vastes synthèses, de larges opérations d'association et de généralisation, sur les faits courants de l'opinion et de l'action publique.

Et justement parce que toute cette énorme masse mouvante de phénomènes obéit, initiale et substantiellement, à la pression des lois physiques et parce que les mouvements des cellules de ce corps se multiplient infiniment, il en résulte que l'ensemble formé par cette immensité de particules et cette trame infinie de fils présente une forme synthétique compacte où l'analyse ne pénètre guère, mais dont les lignes saillantes et les desseins rudes et énergiques se détachent, nets et clairs.

Et sur ces progrès et ce rythme des mouvements humains vers ses destinées futures, dans leurs ondulations et dans leurs dispersions, on aperçoit et l'on peut décrire une Histoire morale de l'homme, s'écoulant avec une cadence et une succession parfaites et une géographie des sentiments et des idées. Les premières notions, poussées dans l'esprit avec les premières graines de céréale jétées en terre ; le premier troupeau entretenu ; la première pierre taillée pour la défense et la première étincelle de feu : les formes encore grossières de la parole articulée, de la gravure, du groupement tribal et des premiers essais d'art, — nos premières conquêtes intellectuelles, en somme, gardent, envers nos premières inventions matérielles, le même rapport existant entre le sentiment affectif pour la compagne et l'amour filial et paternel, et le besoin d'un abri au creux d'une caverne, sous la toiture d'une chaumière.

Les faits de l'évolution matérielle forment comme la structure physique que ceux de l'évolution spirituelle enveloppent dans une sorte d'atmosphère ; mais de même que l'atmosphère n'aurait pas d'existence sans sa planète et qu'elle subit l'influence des lois qui maintiennent celle-ci dans l'équilibre universel, et de celles de sa propre activité, la vie psychique de l'homme, de la famille, de la commune, de la Patrie et de l'Humanité se manifeste comme l'émanation de l'être qui vit et des collectivités qui s'agitent sur la Terre, baignés d'air, de chaleur et de lumière.

Cette atmosphère reçoit, dans ses contours, la forme du corps central ; mais si, dans l'étude des phénomènes physiques, l'observation et l'expérimentation s'appuient presque toujours sur l'analyse et remontent, par de graduelles généralisations, par la classification et par la différentiation, de la poussière des faits microscopiques jusqu'aux lois générales, les méthodes qui rappellent le microscope et le bistouri de dissection sont des instruments presque inutiles, dans les recherches des lois du mouvement social.

Quiconque a un peu fait des études sur les rapports spirituels de l'homme, dans sa vie morale, juridique et sociale, en les comparant aux faits de la science positive, c'est dès lors convaincu que ces rapports se compliquent de telle façon que notre esprit gaspillerait ses forces inutilement s'il s'appliquait à l'étude analytique de toutes les combinaisons et de toutes les formes qu'ils présentent. Cette méthode conduirait à une sorte de virtuosité sociologique, de bysantinisme, de casuisme.

C'est à peine dans la politique qu'en réduisant à de larges unités et en le soumettant à un foyer d'examen bien compréhensif, le relief des grands courants de l'évolution et des phases apparentes de leurs transformations et de leurs modalités dans la vie historique et dans la vie contemporaine des sociétés que l'on arrive à en saisir les mouvements les plus évidents, régulateurs de l'ensemble.

La science de la vie sociale est une science de généralisations et de synthèses ; elle est basée sur des vérités directrices, ainsi que sur la connaissance des moyens d'action de ces vérités. Sur le fond de nos instincts, de nos impulsions, de nos sentiments et de nos idées, évoluant progressivement, sans changer de nature, dans toutes les phases de la civilisation et sur tous les points de la Terre, sous forme de besoins, d'intérêts et de rapports, elle voit s'écouler et flotter l'océan perpétuel de nos existences.

Depuis les premiers monuments dressés par l'homme pensant, où, faisant abstraction des choses de sa vie pratique, il a exprimé ses aspirations, sous l'invocation de la religion, de ses affections et de ses solidarités, jusqu'aux œuvres de la Morale et de la Philanthropie contemporaine, on rencontre des vertus et des mobiles altruistes qui se montrent comme le fond même de notre nature sociale. Ces suggestions agissent directement sur les esprits et forment une prédisposition spontanée pour la sympathie et pour l'entr'aide [1] ; et, si cette prédisposition cède, parfois, devant les mobiles égoistes, le conflit même des intérêts impose la rectification des fautes et des crimes de l'égoisme. Tout intérêt blessé cherche appui, en se défendant, sur une raison morale, et, puisque toute somme faite, le nombre de ceux qui réclament et qui protestent est plus élevé que celui de ceux qui sont contents de l'ordre des choses, les conquêtes du bien s'élargissent et finissent par se consolider.

La diversité des systèmes de Morale à travers les mœurs, les cultes religieux et les formes politiques ne permet pas de renfermer en doctrines les principes qui résument les inspirations de l'âme humaine. La plus juste et la plus simple classification serait peut-être de rapporter à la ten-

(1) P. Kropotkine-L'entr'aide.

dance vers l'altruisme le pôle positif et vers la «ruse» et la « force » le pôle négatif de nos penchants. C'est le terrain sur lequel les deux écoles extrêmes d'interprétation de nos mobiles ont placé le débat sur la nature de l'âme humaine.

L'Histoire contient une puissante leçon d'optimisme. L'Humanité, tout en s'ignorant dans sa nature intime et dans l'étendue de ses pouvoirs, a perfectionné les formes de son activité et rehaussé la conception de ses buts et de ses destinées ; et, par un contraste aussi juste qu'imprévu, tandis qu'elle renonce à régner sur la nature, son perfectionnement, son bien et son bonheur, faits par le développement de son énergie et de son pouvoir de production, forment le but inconscient, le but adaptif, du travail de son cerveau et de ses bras. Les nations et les gouvernements sont les instruments du progrès et de la prospérité de l'homme : elles existent pour le bien de l'homme et non pas l'homme pour la gloire et la fortune des nations et des souverains.

En déterminant comme but du travail évolutif de l'Histoire l'«intérêt de la vie», dont le bien de l'homme, dans la santé et dans la joie, est le complément : son progrès, la marche vers la plus parfaite adaptation au milieu ; et l'expansion de son énergie productrice, la force dynamique de son être social ; on arrive à donner à la science une méthode supérieure a toutes celles qui ont dirigé jusqu'à nos jours la pensée morale et politique des peuples.

Les frontières ne séparent plus des races esclaves et des races libres. L'homme a placé sa personnalité au dessus des divisions conventionnelles des cartes géographiques. L'émigration spontanée et libre, l'égalité des droits des indigènes et des étrangers, ont élargi l'idée de Patrie jusqu'à celle d'un abri pour les désillusions et pour de nouvelles espérances. L'intérêt économique,que l'égoïsme politique avait nationalisé, fortifie, prenant tout son essor dans la concurrence pacifique, l'énergie et la richesse des nations.

Puisque la méthode inductive est insuffisante à l'élaboration des lois sociales ; que l'Histoire atteste la permanence de certains principes directeurs ; que la lutte des intérêts devient un instrument de ces principes ; que l'objectif de l'évolution peut être défini dans une formule simple, la méthode des solutions historiques peut être exprimée comme étant l'application continuelle de cet idéal pratique, au moyen de généralisations historiques et sociales, rectifiées par sa représentation future.

Ayant en vue le but naturel de nos pas sur la Terre, les diriger d'après les sentiments de solidarité que l'Histoire montre avoir toujours dominés à travers les hasards et les fluctuations des luttes, et coordonner les intérêts particuliers avec ce but et ces sentiments, peut être bien l'esquisse de l'opération habituelle de solution des problèmes sociaux.

L'avenir renferme la richesse, les biens et les joies de l'Humanité. Résoudre un problème humain n'est autre chose que dérober un de ces biens au mystère des jours à venir. Les grands bienfaiteurs de notre espèce ont été les aventuriers que n'ont pas été intimidés par les risques de cette exploration dans l'infini des vérités inconnues.

Les problèmes sociaux ne sont pas insolubles. La vérité c'est que l'on n'a jamais tenté d'en trouver les solutions. Ce que l'on tient pour des principes des sciences sociales et politiques n'est qu'un ensemble d'idées dogmatiques, de règles préconçues et conventionnelles, d'applications irréfléchies de croyances religieuses et de préjugés empiriques.

Il faut remplacer cet amas de systèmes et de doctrines «à priori» par l'observation et l'expérimentation de notre nature et de la nature de la société, pour en faire surgir, des leçons de leur propre fonctionnement, non pas des sociétés sans Dieu ni roi, selon la formule révolutionnaire, mais des sociétés sans Dieu et sans roi, avec Dieu et avec roi, mais où ni Dieu ni aucune autorité dans le monde (quelles que soient son origine et son titre) n'agissent en ennemis de l'homme.

Cette œuvre, l'intelligence humaine n'a pu encore la réaliser par des raisons qui s'imposent.

La pensée humaine n'a exercé qu'une influence indirecte sur les sociétés. Elle était, non pas seulement trop faible en elle même, d'une conscience peu rassurée, pour gouverner les esprits, comme l'autorité même et le prestige des penseurs manquait de force. Aux anciens gouvernements, fondés par la violence et appuyés sur la violence, la démocratie a substitué des gouvernements appuyés sur la ruse politique.

Nulle dans la politique, l'autorité des hommes de savoir est presque nulle, dans les sociétés. Ils ont occupé et occupent encore une situation secondaire, auprès de ceux qui tiennent le pouvoir.

De là, les obstacles à l'efficacité de leurs travaux : la timidité, parfois même la crainte, devant les préventions, les préjugés, les intérêts immédiats ; le découragement et le manque d'espoir dans la réalisation des solutions. Ce sont là les causes de cette sorte de virtuosité à laquelle s'est résignée la pensée. Les recherches personnelles et celles des petites associations, presque impuissantes, de savants, n'aboutissent pas à des résultats bien considérables. Les vérités pratiques ne sont pas des idées de sciences spéciales, mais des synthèses complexes, comme tout fait d'organisation, et mouvantes comme toute vie. Il faut quelque chose de plus que la connaissance d'une ou de quelques sciences pour en contrôler les développements.

LA GUERRE, PHÉNOMÈNE SOCIAL PLUTÔT QUE NATIONAL. LA PAIX, CONSÉQUENCE DE L'ÉVOLUTION.

A côté de la notion complexe et obscure de l'idée de la paix, il faut signaler sa notion simpliste el latérale. C'est une notion érudite et surtout juridique. C'est l'idée courante dans les milieux politiques et dans la presse.

La paix et la guerre sont des faits internationaux ; et les nations, sujets de cet ordre de rapports, des unités que l'on découpe nettement dans les cartes géographiques scindant les territoires et les populations suivant les frontières et les divisions morales des nationalités.

De cette position du problème résultent quelques méprises dans le débat. Tandis que les philosophes regardent l'humanité et cette société idéale qu'ils enveloppent dans une unité théorique, les juristes, les politiciens el les gens pratiques ne voient que des pays, des souverainetés, des peuples séparés et tenus face à face, comme des légions, sinon toujours hostiles, ou tout-à-fait divergentes, entièrement indépendantes.

Cette façon concrète, presque graphique, d'envisager les deux phénomènes de la paix et de la guerre, obéit, d'abord, à la direction imprimée par la tradition et par l'histoire à notre coup d'œil. Les nations primitives étaient surtout des peuples, c'est-à-dire, des collections d'individus, des faisceaux serrés de personnes. Tout était local et tribal pour eux, depuis les dieux jusqu' à leurs idées pratiques. L'olympe et le ciel étaient séparés en pays. L'exogamie, tout en créant une sorte de rapports entre les groupements sauvages, était une institution d'esprit tribal ou d'esprit local.

Depuis lors, avec le développement et l'agrandissement des nations, la portée de notre regard s'est accrue, mais il n'a pas gagné ni cette ampleur totale, progressivement atténuée, qui permet d'embrasser dans une même lumière tout l'horison global de la planète et de notre espèce, ni cette pénétration analytique qui permet de percer les conceptions crystallisées dans l'esprit pour en atteindre des réalités et des traits confondus dans leur ensemble et définis sous l'influence de nouveaux facteurs évolutifs.

L'humanité des philosophes et des philanthropes était une humanité idéale ; les nations des esprits pratiques, des réalités de tradition et de convention. Les premiers se croyaient avancés et progressifs parce qu'ils avaient le pouvoir de se représenter dans l'esprit l'image de cet état futur où l'humanité ne ferait qu'une société, reliée, par des rapports généraux, dans un seul tout. Mais si l'image des idéalistes, conçue depuis les premiers jours de la civilisation, confirme cette vérité que notre esprit possède un pouvoir de représentation logique de l'avenir, ils étaient dupes d'une illusion lorsqu'ils croyaient possible de réaliser la paix dans une humanité qui n'avait pas d'existence parce qu'elle ne se connaissait pas : ne pas se connaître c'était ne pas exister.

De l'autre côté, ceux qui se croyaient pratiques n'étaient que des esprits bornés ou peureux : ils manquaient du sens de généralité et de développement pour atteindre et pour comprendre les vérités qui ne sont pas de tradition et du sens d'action et de volonté, pour suivre la route des vérités aperçues.

Si la vérité n'était ni avec les uns ni avec les autres, la logique du sens commun tenait à maintenir le débat entre les deux points extrêmes. C'est l'un des défauts de notre raisonnement que nous tenons toujours l'affirmatif et le négatif par des positions extrêmes, radicalement opposées. Nulle chose dans la vie ne possède cette forme nette d'un contraste absolu. Le néant et l'existant, l'être et le non-être, ne se représentent pas, dans ce monde, que d'une façon apparente, dans les formes de la vie et de la mort : et, encore là, que de morts ne sont pas cachées dans la formation d'une vie et que de vies ne surgissent pas des dépouilles d'une autre vie...

Croire à l'éternité de la guerre et croire à la fatalité de la paix, n'était donc que prendre, sur une question idéale, l'un des deux points de vue : le point de vue empirique, que l'on supposait pratique, et le point de vue philanthropique, que l'on supposait moral.

Si le premier était sceptique et borné, le second était sentimental et abstrait ; or ni la vérité ni le bien ne se réalisent par des retours au passé ni par des sauts dans l'inconnu. L'idée est un guide, mais elle est aussi une illusion, tant que ne surgissent pas les conditions de sa réalisation. Il faut avoir eu le génie de Dante pour avoir donné, parmi les ténèbres du XIIIe siècle, à l'image de la paix, la forme de la réalisation d'une pensée de l'entendement humain.

Que pouvait-il être, cet entendement humain, de par ces temps où les sociétés, convulsées encore par les chocs violents des plus terribles migrations humaines, n'avaient pas encore terminé ce travail d'apaisement et d'ordre nécessaire à l'entente entre des peuples qui s'étaient combattus et qui commençaient déjà à entrevoir, par delà les frontières connues et par delà les mers, d'autres peuples et d'autres continents avec lesquels il faudrait encore se battre et se disputer la possession de la Terre et la domination ?

L'histoire des guerres est une histoire de migrations, de découvertes de terres, d'occupations. La conquête n'a pas été d'abord qu'un fait impulsif ; elle n'a commencé à avoir une place dans le cadre de la pensée politique que par suite de la création d'une sorte de système philosophique et juridique : avec le baptême des faits dans l'eau lustrale d'une doctrine.

Mais tout en se taillant cette robe de légitimité, elle a gardé son caractère de nécessité sociale. Tant que la Terre n'était pas entièrement connue, que l'esprit humain n'avait pas pu parcourir la surface de sa planète, connaître et étudier l'ensemble de l'humanité, ses races, ses nationalités, la guerre était une fatalité. On ne marche pas dans l'inconnu, sans se heurter à des obstacles : et l'océan et les chaînes de montagnes ne sont pas des obstacles plus sérieux que le conflit d'intérêts, de sentiments et d'idées qui ne se comprennent pas.

Puis, les guerres ont trouvé des prétextes nouveaux. Questions dynastiques et questions re igieuses ; ambition d'empire et ambition œcuménique ; conflits de races, conflits d'intérêts, droits de souveraineté, droits féodaux, honneur national, tout était bon à justifier la déclaration de la guerre et l'ouverture des hostilités. Dès les temps préhistoriques, les rites religieux avaient donné à la guerre et à ses accidents, mais surtout à l'ouverture des hostilités, un caractère liturgique de sacrement. L'explication de ces rites se trouverait peut-être dans une sorte de vague et sourde conscience de l'injustice de la guerre, mais les savants n'aiment pas tous a se hasarder à cette explication. La guerre était impure ; le guerrier se souillait dans la pratique de son métier ; la nation, les guerriers, les actes de guerre étaient assujettis à toute une foule de purifications, dans les cérémonies cathartiques. Etait-ce, par hasard, le but de ces cérémonies d'éviter ou de conjurer la guerre, d'en diminuer les probabilités et les causes ? Non pas, la guerre existait, on la faisait par habitude, de même que l'on faisait ses repas et que l'on dormait.

On ne discutait pas sur la guerre, sur sa justice, sur ses causes. Avait-elle des causes ? On n'en était pas bien sûr : peut-être la revanche du sang versé, l'expliquait parfois ; le besoin de nourriture, d'autres ; l'exogamie, l'ambition... Mais tout cela, était-ce bien ce que l'on peut appeler des causes ? Ce n'étaient que des occasions. La cause était la guerre en elle même, c'est-à-dire, cet état émotif et passionnel de l'homme, qui en a fait, pendant une longue période de sa vie, un animal d'âme hostile et aggressive. La guerre juste et la guerre injuste des *Fetiales* n'était juste ni injuste que selon le degré d'obéissance et de fidélité à la foi religieuse de ce culte. Après cette inspiration des motifs cultuels de la guerre, les mœurs ont puisé dans les sources de la même inspiration, ces autres élans de l'honneur, de l'orgueil, de la chevalerie, qui ont été, pendant des siècles, l'excitant de la passion belliqueuse. Tout cela était appelé des causes de guerres.

Aux temps modernes, ces causes prennent une forme plus rusée. On commençait à sentir, grâce à la suggestion des hauts esprits et aux premiers bégaiements du sentiment des peuples, qu'il fallait habiller la cupidité, la rapacité, la criminelle insouciance des princes, de prétextes avouables. Ce sont alors des états, empires énormes et royaumes sans frontières, où des populations oubliées, ou écrasées, n'arrivaient pas même à effleurer la première couche du sol, où les richesses n'étaient exploitées que pour satisfaire les besoins immédiats des seigneurs, qui s'élançaient, pourtant, sur d'autres peuples, toujours plus faibles, presque toujours plus pauvres, sous le prétexte ostensible d'un affront ou d'un droit blessé, sous le prétexte de conscience d'occupation et de conquête, mais, en vérité, pour satisfaire cette passion de vaincre et de dominer, fermentée dans les âmes par quelques milliers de siècles de troubles et de bouleversements.

Cette idée ingénue des causes de guerre appartient au nombre considérable des erreurs en circulation, à titre de lois et de vérités politiques. Il n'y a pas un seul cas, peut-être, où l'Histoire ne montre, avant la crise qui a fait éclore la lutte, tout un enchainement de faits, établissant entre les deux peuples cet état d'hostilité qui devait aboutir à la guerre. C'est toujours la même histoire de deux peuples rivaux voisins, d'un grand peuple qui grandit à côté d'un autre qui tombe, de races en progrès et de races en déchéance, de civilisations en hausse et de civilisations en baisse.

Tout cela évolue pendant des années, des siècles. Depuis la première heure où ces peuples se sont connus, leurs chefs et leurs hommes éminents ont compris qu'ils étaient des ennemis qui viendraient à se battre. C'était une chose prévue, préparée, escomptée. Le jour venait enfin où la conscience de sa force se présentait nettement à l'esprit de l'un de ces deux peuples ; les esprits s'étaient irrités, à mesure que cet état avançait ; le moment sonnait, dans la volonté du plus fort ; un pretexte arrivait, comme par enchantement : voilà une cause, voilà la cause de la guerre.

Il n'y a jamais eu, il n'y en aura jamais, des causes de guerre. La guerre est la manifestation d'un état de civilisation et cet état de civilisation est celui où l'homme, maître inconnu d'une Terre inconnue, a du souffrir les surprises et les violences de ses explorations et de ses conflits.

Cette fatalité résultait de l'ètat de la Terre, de l'état de l'homme, de l'état de la société. On ne connaissait pas entièrement la Terre, jusqu'à presque nos jours. Pour la découvrir, pour l'étudier et pour l'explorer, il a fallu quatre-vingts siècles de batailles entre les hommes, tous ignorants du terrain qu'ils foulaient et s'ignorant eux-mêmes.

Pendant une longue époque, l'humanité historique et civilisée a vécu fermée entre quatre mers et les montagnes qui forment le diaphragme central de l'Asie, partagée en deux mondes : le monde chrétien et le monde des infidèles, pulverisés en une foule de peuples. Le cerveau humain ne connaissait pas son corps.

Aujourd'hui le monde est parcouru, étudié et partagé, entre des peuples qui se connaissent et qui entretiennent des rapports.

C'est le commencement d'une ère, dans le sens positif, le plus juste de ce mot : l'ère de la connaissance de la Terre par l'entendement de l'homme ; l'ère de la prise de possession de la Terre, par l'intelligence éclairée de l'homme. Plus de migrations, plus de découvertes, plus d'explorations.

Rien de ce qui s'est passé, pendant cette longue étape de l'évolution où l'esprit de l'homme a subi les douleurs de sa gestation pour la vie de conscience, ne subsiste plus dans le monde. Tout au contraire de cette tendance à la fluctuation, au changement, aux empiètements, aux bousculades des peuples, ce qu'on remarque c'est le désir général et la tendance avouée vers l'établissement et la quiétude, vers la fixation et l'apaisement. A l'idée de croissance par invasion, succède l'idée de croissance par expansion : c'est le « serum » de la paix injecté dans une habitude de lutte. Les peuples tiennent à progresser, mais ce ne sont plus ces peuples tératologiques, à têtes monstrueuses et à nombreux tentacules, ce sont des peuples conscients et intelligents, développés dans toutes les couches de la société, chez qui la sensibilité et la raison ont remplacé l'obéissance aveugle et réflexe des anciens peuples, tirés par le caprice des dominateurs. Disparues les causes permanentes des troubles, dans cette longue période de formation de la société, grâce à la possession et à la connaissance de notre « habitat », les consciences se reprennent et cherchent à se trouver les buts et les méthodes d'une nouvelle vie.

Les occupations des territoires sauvages de l'Amérique ont été l'occasion de guerres d'extermination et d'asservissement ; les occupations des territoires africains ont encore présenté des exemples monstrueux de mépris de la vie humaine : l'œuvre de l'exploration avancée, la conscience réveillée par l'indignation, la question des rapports entre civilisés et sauvages a été reprise, sous forme de problèmes d'éducation et d'autorité. Les conflits de propriété et de souveraineté se renouvellent, mais ils se posent en compromis entre la puissance de la force et le droit de la civilisation.

L'état des choses, ce que l'on pourrait appeler la suite spontanée du développement de la société, est arrivé ainsi à une sorte d'arrêt de repos, de reconnaissance, d'assurance. Le progrès des sentiments et des idées aidant, cet état matériel s'est trouvé coïncider avec une disposition générale de tranquillité. L'homme se refait de ses efforts gigantesques pour grandir ; il est le maître de son bien et de sa conscience. Serait-il déjà aussi le maître de ses sentiments, de son intelligence et de sa volonté? Voilà la question.

Mais si les choses de ce long passé sont disparues, il y en a encore des traits qui subsistent. L'homme n'a pas conscience du rapport entre les mobiles subjectifs de ses pas et la cause physique de ces mobiles ; si l'impulsion de la guerre était la forme du besoin de découverte et de possession, la surprise de la possession, la conscience même de l'occupation rassurée et paisible, qui est l'état général des esprits, n'ont pas supprimé d'un coup le roulement de cette force, active pendant tant de siècles, et qui, ne connaissant pas son but, n'était pas mesurée d'après son effet. Le sentiment belliqueux est resté comme un trait d'hérédité ou de tradition.

Les idées, les mœurs, les institutions, les principes, les conventions, les organisations du militarisme s'étaient créé une force, une puissance, une tradition, une habitude. Les sociétés ne sont pas élevées par l'exemple et la leçon de parents et de maitres, dirigeant leurs pas et en donnant les raisons, à chaque changement de leur vie. Leur éducation est un travail spontané d'observation. Lorsque les faits devancent les idées, et lorsque le but atteint n'était pas prévu, le rapport de la tradition avec ses causes survit à la suppression de celles-ci et la force de la tradition passe à fonctionner dans le vide, ou elle cherche de nouveaux appuis, sur les quels elle arrive parfois à se greffer.

Le sentiment belliqueux et la doctrine de la nécessité et de la normalité de la guerre ont survécu à la civilisation qui leur a donné naissance et aux conditions qui les maintenaient. Seulement, le sentiment s'est bien rétréci dans le cercle des professionnels de la guerre. Seule, la théorie de la guerre prône victorieuse sur les ruines de son Temple.

Les faits sont là pour le prouver. Non seulement le nombre des guerres a diminué et les temps de paix se sont élargis, comme les guerres même de notre âge n'éclatent qu'avec difficulté, après bien d'hésitations, et sont entravées d'une infinité d'obstacles : signes d'agonie d'une institution qui a fait son temps. Si chaque puissance semble préparée pour envahir et pour écraser l'ennemi, toutes les puissances ne font, en fait, que s'opposer à la guerre. Il y a un sentiment généralisé, dans les puissances, du besoin d'empêcher les guerres. La préparation à la guerre détruit la guerre.

Les effets et les résultats des guerres ne ressemblent pas même aux conquêtes du commencement du dernier siècle.

Après la guerre de 1870, avec la cession de l'Alsace-Lorraine, et celle du Chili et du Pérou, avec la cession de Tacna et Arica ; la guerre des États-Unis avec l'Espagne donne, en somme, un résultat favorable à la liberté des peuples : l'indépendance de Cuba. Dans la guerre du Transvaal, pour s'approprier un territoire voisin de ses possessions sud-africaines, prolongement de son influence économique, l'Angleterre dépense plus de vies et plus d'argent peut-être que si elle s'était engagée avec une puissance européenne. En Chine, les puissances européennes et le Japon font une démonstration qui a pour effet, au lieu de la conquête de l'Empire du Ciel, son incorporation au monde occidental. La Russie et le Japon, engagés dans une lutte intense, transigent par un traité qui consolide la souveraineté de la Chine. L'Italie est malheureuse en Abyssinie. L'annexion de la Corée au Japon et l'occupation de l'Egypte par l'Angleterre sont les effets d'événements politiques et financiers plutôt que des entreprises d'expansion. Si l'Autriche-Hongrie s'annexe la Bosnie et l'Herzégovine, un nouvel état est constitué dans l'Orient européen : la Bulgarie. La comparaison de ces altérations de la géographie politique avec celles du passé jusqu'au milieu du XIXe siècle montre à l'évidence la ruine de la politique de conquête. A côté des progrès des moyens de faire la guerre, le droit et la morale internationale ont aussi marché, d'un pas plus leste et plus sûr.

Le cas du Maroc est admirable d'expression. Trois puissances rivales convoitent pendant des années cet empire barbare croûlant. Elles trouvent leurs ambitions paralysées par le choc de leurs intérêts, par l'opposition de l'opinion publique et par cette sorte de gêne des autres cabinets qui est l'aveu même de la reconnaissance, non pas seulement de l'injustice, mais encore de la faiblesse de l'esprit de conquête, aveu dont le traité secret franco-anglais est la preuve éloquente.

Les négociations entre la France et l'Allemagne trainent, parmi des détails inextricables, pendant de longues années, pour aboutir à une convention qui soumet l'autorité française au Maroc à de constants empiètements.

A cette suite de victoires négatives de l'esprit militariste l'Italie ajoute le cas frappant de la Tripolitaine. L'envolée politique de l'Italie était d'abord une auto-suggestion de son tempérament et de sa tradition. L'Italie unifiée était, pour beaucoup d'esprits, Rome renaissante. L'unité est faite dans la douleur d'une large cassure dans la frontière nord-orientale. L'irrédentisme afflue dans le courant du vieux rêve romain. Du côté de l'Adriatique et de la Méditerranée, l'« aigle romaine » guette le but de son essor : quelques pas avancés en Algérie ; les démarches de Crispi, devant l'Allemagne ; quelques brouilles avec l'Autriche ; puis, l'aventure tragique de l'Abyssinie. Le problème de l'expansion est aussi un problème démographique et économique pour l'Italie : le trop-plein de population, la crise des districts ruraux, l'émigration, attirent l'attention des hommes d'état. Il faut trouver quelque part une colonie qui soit le terrain de décharge de cet excès d'énergies, le lieu de recouvrement de ses forces et le débouché des produits de son travail : finance aidant, la question religieuse s'entremêlant dans ses alternatives de brouille et d'approximation, tout cet ensemble de forces et d'impulsions tombe sur la Turquie, dans la Tripolitaine.

C'est l'épilogue d'une grande ambition et d'un grand rêve, le couronnement d'un idéal longuement mûri, dans les proportions minimes de succès. Ce n'est pas sur l'Italie que doit tomber la désillusion : c'est l'esprit militaire qui montre son impuissance.

La guerre turco-balkanique... mais, n'est-ce pas toute une vieille histoire, depuis les Croisades, qui y trouve son dernier mot?

Tout cela prouve que la politique internationale, obéissant en cela à l'action des mêmes facteurs de la politique interne des nations, n'est plus un jeu des princes, disposant, dans la pénombre des cabinets, du sort des peuples. Il n'y a plus de place pour le secret et pour les intrigues subtiles, en affaires diplomatiques: les secrets sont regardés partout avec méfiance; les negociations secrètes combattues, dans les pays d'organisation constitutionnelle. Leibnitz avait marqué avec justesse l'état des choses, dans son objection au projet de l'abbé de Saint Pierre: l'impossibilité d'obtenir l'accord des princes. Ce n'est plus de l'accord des princes qu'il s'agit maintenant, leurs volontés étant enveloppées dans le courant de la volonté générale.

Le problème humain étale, pourtant, sur la ruine des institutions passées et de ses idées, des questions nouvelles et de nouvelles exigences. La société, partagée par le critérium du progrès en société cultivée, société civilisée, société policée, monde barbare et monde sauvage, est séparée, par celui de l'iniciative et de l'énergie, en société avancée et société rétrograde. La Philosophie, la Morale et la Religion propagent les idées de l'unité du genre humain, de l'égalité des hommes. Les lois sanctionnent les principes des sciences morales, avec l'abolition de l'esclavage.

Sur ce grand tout, doté de vie et d'esprit, commence à s'esquisser, par la parole et la presse, une sorte d'organe de pensée et de discussion. Ce que l'on pourrait appeler, sans trop insister, d'ailleurs, sur l'analogie, le cerveau humain, doté d'idées, d'aspirations, de méthodes et d'instruments d'action, plus concentré dans les vieilles civilisations, se répand de tous côtés, partout où l'on trouve des hommes qui étudient, qui pensent, qui produisent ; on peut constater les manifestations d'une sorte de caractère mondial, dans la volonté des hommes qui s'attachent à des idéals et à des buts sans intérêt national.

La vie sociale, morale, intellectuelle et économique des peuples, casse les cadres politiques, s'éparpille, se répand, se confond même ; on remarque, non seulement, un échange intersticiel de personnes, d'idées et d'intérêts, comme des flots plus forts de rapports sociaux. Seule, la fonction politique, dégagée des autres, se concentre et se localise ; les souverainetés politiques, leur instrument pratique, limitées d'un côté, exclusives de l'autre, se montrent, alors, insuffisantes au contrôle de la vie sociale, étrangères à l'ensemble des sentiments et des intérêts du pays, qu'elles ne peuvent pas retenir, qu'elles ne peuvent pas embrasser. Si toutes les personnes et tous les groupements sociaux d'une même nationalité n'ont pas conscience de l'existence de ces problèmes personnels et de ces intérêts particuliers, dépendants de causes et de rapports sur lesquels l'organe politique national n'a pas de contrôle ou n'agit que d'une façon incomplète ou latérale, l'existence de ces problèmes n'est pas moins vraie. Les deux principaux problèmes de notre âge, celui du capital et celui du travail, trop étroitement envisagés, d'ailleurs, sous l'angle limité des rapports entre capitalistes et salariés, dans les industries manufacturières, sont parmi ceux devant lesquels les pouvoirs nationaux sont impuissants. Les problèmes de la production et de la consommation, sources de bien des crises de travail et de cette grave crise du renchérissement de la vie, sont répandus dans tout le monde et insolubles par l'action de chaque gouvernement.

L'équilibre des sociétés est rompu par effet de la direction donnée à l'instruction et du développement des ambitions et des capacités, faisant surgir deux questions nouvelles : à côté de celle du droit au travail, celle du devoir de travail ; et, à côté de celle du devoir de travail, celle du droit aux moyens de travail et du droit au « minimum » de recompense, calculé d'après les besoins de la vie, de la santé et de la réparation des forces dépensées. Ce sont des gros problèmes sociaux et économiques qui demandent des solutions harmoniques.

L'occupation des territoires appartenant à des barbares et à des sauvages soulève la question du droit de leurs possesseurs à la vie, à la santé, à la propriété des terres, au partage de la civilisation. La société, qui ne peut plus les asservir, ne peut pas, de même, les abandonner. Une caste de sauvages libres, confondus entre des civilisés, ne saurait être éliminée, sans d'autres graves pertes et sans perte de quelques progrès moraux de notre espèce : le respect de la vie d'autrui, les égards dûs au semblable. Le cas des peuples et des nations en état de moyenne civilisation, soulève des problèmes identiques, dans l'intérêt de leur conservation, de leur prospérité et de l'influence de leur action, sur la politique générale. L'incorporation des sauvages et des barbares au monde politique impose aux peuples supérieurement placés la tâche de la garde de la civilisation et de la défense du progrès. Les sélections sociales opèrent le nivellement des sociétés, en rehaussant les classes inférieures, en élargissant les supérieures : autant d'éléments contraires au perfectionnement, autant de motifs pour créer un instrument de direction et de contrôle mondial. L'aire territoriale et les richesses naturelles ne suffisent plus, dans quelques pays, aux populations qui se multiplient, aux besoins et aux ambitions qui se développent, aux capitaux, au travail, aux capacités. Ils sont excessifs, en d'autres.

Comment résoudre ces problèmes?

C'est par rapport à cette question que l'idée de la paix montre toute la force de sa nature pratique et de son opportunité, toute la portée de sa nécessité et de ses résultats bienfaisants.

COMMENT RÉSOUDRE CES PROBLÈMES ?

Par la force naturelle des choses et par la marche spontanée des événements, répondrait, dogmatiquement, quelque croyant du fatalisme moderne. Le négativisme est une philosophie de victoires toujours éclatantes, parce qu'il rassemble, dans la même attitude d'impassibilité, ceux qui ne veulent pas résoudre et ceux qui ne savent pas résoudre, ceux qui ne veulent pas marcher et ceux qui ne savent pas marcher.

Seulement, il n'y a rien, dans la vie sociale qui soit vraiment spontané, qui naisse et qui évolue mécaniquement, automatiquement, comme impulsionné par le ressort d'un moteur inaperçu mais éternel. Il n'y a rien de plus métaphysique que la conception de ce déterminisme.

Sous l'impulsion psychique des instincts, des sentiments, d'idées et de volontés, la vie sociale est faite d'une somme d'actes et de rapports. Tout cela est délibéré, tout cela est réfléchi. Chacun de nous, tout en étant gouverné un peu par soi-même, et bien moins qu'on le suppose, est gouverné par les actes et les rapports de tout le monde ; sur cela, la tradition, les mœurs et les institutions du passé font tomber l'oppression et les embarras d'une foule de conventions et d'entraves. Le passé, tout en étant l'opposé du progrès et de la civilisation, est le premier régulateur social de nos pas : et en cela on vérifie la plus grosse erreur de la notion classique du conservatisme : il conserve les idées et les mœurs contre l'intérêt de la conservation des choses et des personnes.

Ces prétendus phénomènes ne sont pas des forces, ils ne semblent spontanés que parce que nous ne réagissons pas sur eux avec notre raison éclairée par la critique de leurs effets ; et, tandis que la raison desintéressée ne contrôle pas les événements, il y a une raison qui s'en sert, faisant entrer dans ses calculs les probabilités formulées par la force des choses : la raison des appétits et des intérêts personnels. Celle-là est le vrai souverain, la vraie divinité de ces prétendus pouvoirs naturels du mécanisme social. Elle est longtemps restée entre les mains des souverains et des aristocraties ; elle est passée maintenant entre les mains des gens d'affaires.

C'est bel et bien la volonté (mettons de côté toute question de psychologie personnelle) qui gouverne le monde.

Mais cette réponse fataliste ne trouverait pas d'appui dans le monde politique, où tout le monde est, par bonheur, d'accord sur l'idée que les faits de la vie sociale se traduisent en problèmes et que ces problèmes demandent des solutions. Et, en cela, la politique montre un sens bien plus scientifique que celui de bien des sciences.

Par l'action des nations supérieures, appuyées par les armes, répondent les impérialistes ; et sous ce nom, il faut ranger deux armées : les militaristes classiques, partisans des institutions traditionnelles et de la discipline sociale à force d'armes ; et les sélectionistes littéraux, exégètes de Darwin, qui transportent matériellement dans les sciences morales et politiques, oubliant les leçons de leur grand maitre et de leurs meilleurs disciples, les méthodes de la Biologie, de l'Anatomie Comparée et de l'Anthropologie, sans remarquer la vérité, pourtant évidente, que la structure physique de notre organisme serait impuissante à produire toute la vie que nous sommes arrivés à réaliser, si elle n'était pas douée d · certains pouvoirs, pas encore saisis par ces sciences, ceux de nos fonctions psychiques, sur lesquels les siècles de vie en société ont opéré des transformations que les caractères morphologiques et les fonctions physiologiques de notre organisme sont loin de reproduire et d'exprimer.

Par la révolution, répondent les libertaires et les socialistes. « Laissez faire, laissez aller, laissez passer » répliquent les libéraux de l'école classique solution que d'autres adoptent dans cette simple forme négative : évoluons. L'évolution est pour ceux-ci une sorte de Providence sans volition et sans but. Par la force de la civilisation et de la culture, répondent, enfin, les mélioristes, les croyants, sûrs de la direction consciente du progrès humain, conduit par une Destinée, ou par une Providence.

Le négativisme passif et le négativisme finaliste savent, pourtant, que, chez l'individu et dans la société, tout travail de l'esprit obéit à tous les moments à une détermination qui n'est pas moins consciente et moins délibérée parce qu'elle résulte des antécédents : leur réponse ne fait qu'imposer à l'homme de renoncer à mettre à contribution les idées et les énergies gagnées par lui et par ses ancêtres, pour préparer l'avenir. Bien ou mal, à tort ou à raison, nulle société, dans aucune époque, n'a jamais procédé ainsi.

On ne saurait trouver d'autre élément que celui de l'action délibérée des intelligences, depuis les leçons du maître d'école jusqu'aux actes des hommes d'état, pour distinguer les sociétés qui avancent des sociétés stationnaires ; et les probabilités d'obtenir, de fixer et de consolider les progrès sont d'autant plus grandes que l'action des intelligences est plus rapide et plus intense.

Si les intelligences s'abstiennent d'agir, si ceux qui pensent renoncent à l'activité, les esprits pratiques, les politiciens, les gens d'affaires, prennent possession de la direction, et, sans conduire les événements, ils corrompent les solutions et détournent l'évolution. Ce n'est pas seulement la guerre, mais encore la révolution, la rétrogradation, les vacillations, la fausse direction de la politique, qui sont les effets de la cupidité et de la passion, conduite par l'ignorance. C'est cette réalité que l'on prend pour une sorte de marche spontanée des choses.

On ne trouverait pas la solution dans ces réponses. D'abord l'épée n'est pas l'étalon de mesure des valeurs et des capacités des peuples. Il y a déjà des siècles que l'homme ne se bat plus pour avoir du pain, qu'il n'emploie plus les armes pour conquérir sa compagne. L'homme a enduré, en société, presque sans se révolter, la misère, la faim, l'esclavage. Les conflits de patrimoine et d'argent sont tranchés par des transactions ou devant les tribunaux; les ambitions et les besoins trouvent dans le travail, en luttes pacifiques, leur moyen de satisfaction. Ce n'est pas l'individu, ce n'est pas, même, la société qui impose la guerre à la politique: c'est la politique qui crée les causes des luttes armées.

Des arguments du militarisme, aucun n'est moins exact que d'attribuer les guerres à des causes sociales et économiques. Les luttes sociales et économiques n'entraineraient pas la guerre, si ce n'était la politique qui s'en sert comme d'un instrument ou comme d'un prétexte, et l'ambition déréglée, qui n'est pas un fait économique. La conquête de tout un pays serait un amer butin, pour des peuples affamés, pressés par les tyrannies et par les guerres. Le sort des peuples dans la paix était un sujet de simple estime, dans les préoccupations des rois. Le vœu célèbre d'Henri IV, que tout français put « mettre, chaque dimanche, la poule au pot», en témoigne éloquemment. La guerre était le métier des rois et des nobles: et voilà son unique, sa vraie cause. La société et le peuple des grandes nations conquérantes n'étaient que des foules misérables et asservies, dans les temps les plus brillants de gloire militaire.

Il n'y a aucune civilisation qui soit le fruit de la guerre. Toutes les guerres n'ont été, au contraire, que des détournements et des explorations de la force et de la civilisation des nations, au profit des guerriers et des chefs. Et si les expéditions militaires ont parfois entrainé, dans leurs mouvements, des flots civilisateurs et de culture, ce progrès artificiel ne compense pas les ruines des civilisations détruites par les guerres. L'Héllénisme macédonien, bâti sur les ruines de la Grèce, est un héllénisme décadent et factice. L'œuvre d'Alexandre disparue, ce qui en est restée, avec la prospérité matérielle de quelques villes, au milieu de déserts et de pays décadents, c'est la culture de la vieille Grèce, mélangée à de bribes de cultures inférieures de l'Orient.

Le travail, le travail de l'esprit et du bras humain, voilà le véritable héros du grand poème de la vie. Sa victoire est faite des efforts de l'énergie et de l'endurance, sans armes et sans appui moral. Oublié des poètes, piétiné par les rois, méprisé des dieux et des prêtres, le travail est le symbole majestueux de la grandeur de notre espèce, devant lequel doit se prosterner l'âme humaine. A lui seul, dans cette lutte constante contre la destruction victorieuse et acclamée, l'Humanité doit le savoir et l'art, la beauté et le confort, la justice et l'amour, tous les fruits bienfaisants et créateurs de cette énergie productrice qui est l'âme même de la vie. La guerre, tout au contraire, est le fruit d'ambitions, de passions, de préjugés, que tout homme civilisé a appris, depuis longtemps, à dompter et que nul ne montre plus dans les autres manifestations de sa vie, excepté dans la politique. Ce sont les procédés et les mœurs de la politique qui sont incompatibles avec la société ; c'est la politique qui trouble l'ordre des sociétés contemporaines.

Poursuivre dans la voie de l'impérialisme c'est renouveler la tentative, si souvent échouée, maintenant plus difficile, de la politique de conquête. Dans quel but ? Dans celui de renouveler encore le rêve d'un empire œcuménique ? Ce serait insensé d'y songer. Dans celui de former des nations encore plus fortes que les puissances actuelles ? Ce ne serait pas trouver une solution, mais agrandir et multiplier les complications et les difficultés. Les conflits et les luttes de ces énormes puissances mettraient le feu aux quatre coins de la Terre. Ce serait la guerre permanente, par impossibillité d'équilibre.

La formation d'empires est impossible depuis que l'autorité politique a été fondue dans la vie sociale et que la vie sociale s'est répandue au dehors des frontières. Le seul grand empire de nos jours, l'Angleterre, est un empire nominal, sur un assemblage de peuples libres, plus libres même que bien des nations souveraines. Cet empire serait l'idéal de l'organisation pacifique de l'humanité ; son existence même est la preuve de la possibilité de cette idée : seulement, l'empire humain ne peut pas être tenu dans les mailles d'une race ou d'une nationalité. L'humanité organisée ne se comprend que comme une démocratie de nations.

Chaque pays renferme, dans l'enceinte de son territoire et au sein de sa société, les mêmes problèmes ; les solutions naturelles sont souvent au dehors de sa jurisdiction. Ceux qui représentent la partie la plus éclairée et la plus forte de l'humanité, agissant isolés ou dans les alliances transitoires de nos jours, forment des forces qui s'équilibrent. Leurs intérêts sont en conflit. Les alliances même ne répondent pas à des courants homogènes d'intérêts généraux et permanents. Si un projet d'action est inspiré dans l'intérêt, la réaction des autres sanctionne les protestations de l'opinion publique ; s'il s'inspire dans un but civilisateur, les ambitions troublent le bon vouloir, bientôt paralysé par l'émulation et par les méfiances.

Sur ces entrefaites les opinions révolutionnaires rallient les masses populaires, faites de ces millions de sacrifiés, de victimes, de déclassés et d'exaltés, toujours prêts à la révolte. La politique de l'inertie ne peut avoir pour effet que des explosions partielles ou générales, l'anarchie. L'évolution des peuples nouveaux suivra la même tendance de luttes entre des couches rivales de la société, aggravées par la haine des races. Dans l'Inde, en Egypte, commencent à paraitre les signes précurseurs de cet état d'esprit : l'éducation de l'indigène ne fait que des révoltés ; en Allemagne, l'excès de population, le besoin de capitaux, l'éxubérance d'énergie, demandent de l'espace et du travail, des horisons d'expansion et d'activité ; en France, en Italie, en Espagne, au Portugal, en Turquie, les problèmes du travail et de la misère fermentent des questions politiques et économiques, des survivances de luttes religieuses, le Japon et la Chine se réorganisent d'après le modèle des nations militaires, faisant paraître devant les esprits l'image de la puissance jaune, fondée sur des centaines de millions d'habitants ; en Angleterre, la question sociale, l'autonomie de l'Irlande, les intérêts des colonies, la consolidation de l'Empire, la défense du Royaume-Uni et des colonies, l'organisation de l'armée et de la milice territoriale, les progrès de la démocratie, quelques signes même d'esprit révolutionnaire, tout cela menace de détruire l'ordre de cet empire de la loi et de la paix. Aux États-Unis, la question sociale, les abus du capitalisme, les conflits de races, les exigences de l'intérêt national en crise entre deux océans, un esprit mercantile exagéré, l'exploitation de la terre et des richesses surexcitées, commencent à montrer, dans cette éblouissante et hâtive civilisation, un fond de gaspillage imprévoyant.

De quel titre légitimer la solution impérialiste; sur quel droit fonder son initiative et son autorité; sur quelle force l'appuyer, dans cette mission civilisatrice ?

Évidemment sur le titre d'une supériorité, fondée sur la civilisation et sur la force. Ne disputons pas sur la notion de civilisation ; acceptons-la telle qu'elle est admise et consacrée par l'usage. La civilisation serait alors un certain état de développement des sociétés représentant un certain degré de perfectionnement d'un ensemble de caractères, d'après le « critérium » d'une époque. C'est la seule définition qui ne contient pas l'élément arbitraire d'une unité de valeur pour ce phénomène, si relatif et si conditionnel. Mais, en acceptant cette définition, on est forcé de lui refuser toute conséquence qui aurait une portée définitive.

La notion de civilisation étant une notion conventionnelle, son contenu pouvant changer d'après le point de vue et le jugement de l'esprit, il serait tout-à-fait injuste d'arrêter un jugement d'infériorité et de supériorité, sur les données actuelles du concept. Tel peuple, d'une haute culture, peut manquer de moralité, et tel autre, très moralisé, manquer de génie et de culture intellectuelle. L'état même d'avancement d'après les caractères apparents qui répondent à l'idée de civilisation dans l'esprit populaire, pourrait exprimer le simple effet d'un concours accidentel de facteurs ou le résultat d'une exploration trop hardie de la terre. Il faut limiter l'idée à son aspect actuel et à sa forme conditionnelle.

Le droit impérialiste de la civilisation et la fonction éducatrice et tutélaire des puissances serait alors une sorte de mandat passager, exercé successivement par les peuples, d'après les accidents de leur évolution.

L'Allemagne serait aujourd'hui l'un des grands curateurs de peuples en état d'interdiction; mais la Prusse de 1848 n'aurait pas mérité d'un petit rôle de tuteur de quelque bande de nègres dans l'intérieur de l'Afrique, et l'Allemagne du siècle de Louis XIV aurait mérité de recevoir aussi son conseil de famille; et puisque personne ne saurait prévoir les changements que les accidents politiques peuvent imprimer à la forme des empires contemporains de l'Europe, rien ne prouve qu'elle ne rétrograderait pas encore jusqu'à une position secondaire, dans le nombre des puissances.

L'exemple pris sur l'Allemagne donne bien l'idée de la fragilité de ce titre au droit d'empire, fondé sur l'état de civilisation. Le seul titre de civilisation ne saurait, d'ailleurs, appuyer le droit; il faudrait faire encore appel à la force; et nous voilà rendus au travail de refaire pendant quelques générations la lutte des puissances à force d'armes... et la suprématie militaire sera peut-être demain avec les japonais et les chinois.

Il y a une prétention de supériorité, fondée sur la race. C'est le côté le plus sérieux de la doctrine impérialiste.

La vieille doctrine du Comte de Gobineau sur l'inégalité des races a reçu le renfort d'une adhésion lui donnant l'appui de la science. Cette doctrine affirme la supériorité de la race blanche du Nord de l'Europe, celle des dolichocéphales blonds, aux yeux bleus et de haute taille, descendants légitimes du noble peuple indo-européen, de la caste semi-divine des aryens. Ce sont les civilisateurs de Rome, de la Grèce, de l'Inde, les dépositaires de toute la culture humaine, les meilleurs, par la discipline, par la moralité et par la force...

Cette théorie n'a jamais été unanime et elle obtient chaque jour moins d'autorité dans la science. Il faut signaler tout d'abord la coïncidence de cet effort scientifique avec les tendances politiques en action dans les milieux européens. C'est un fait constaté dans l'histoire de la pensée que celui de la nature tendancieuse de bien d'opinions et dè doctrines scientifiques. Fait de sensibilité, de conviction, de foi, cette prédisposition de l'esprit est un facteur considérable dans l'évolution des idées. Il est à remarquer dans la science du XIXe siècle, à côté de sa partie positive, une attitude évidente de prévention contre la philosophie du XVIIIe siècle; à ses conclusions trop hardies et bien souvent trop légères, la science conservatrice a tenu d'opposer des raisons plus fondées: et cette science est tombée, à son tour, dans les erreurs de son inspiration.

En soulevant le problème des populations, Malthus a porté sa logique, sous la suggestion de la crise sociale et économique anglaise, à des conclusions réactionnaires aussi hardies que les utopies des hommes de l'Encyclopédie et de la Révolution. Si Darwin, tout en s'inspirant de la pensée de l'économiste, ne s'en est pas laissé égarer, grâce à la rigueur de ses observations, de la juste position scientifique, ses disciples, les néo-darwiniens, se sont laissés emballer par l'enthousiasme de leurs principes et de leurs convictions. Ils font plutôt œuvre politique que de science; et si dans leur entière bonne foi et avec leur patiente méthode ils sont conduits parfois à d'utiles et sérieux travaux, leur influence générale sur les pensées est chargée de dangers.

Pour ce qui est de la question des races, leur opinion n'est pas celle de tous les savants, ni celle de la majorité des savants, ni même de ceux qui se recommandent par des études faites avec des méthodes plus approfondies et plus circonspectes. Ceux-ci sont arrivés à la conclusion que, par delà les mensurations anthropométriques, les caractères psychiques et sociaux montrent que le dolichocéphale blond du Nord de l'Europe n'est pas un type supérieur, définitivement arrêté par l'évolution de l'espèce, mais seulement le type victorieux dans son milieu, pendant la durée d'une longue étape du développement humain.

Cette race tend à perdre l'avantage de son ancienne supériorité ; et les sélectionistes eux-mêmes le constatent, tout en le regrettant, d'ailleurs. Les sélections de notre temps, faites sous d'autres conditions de climat, de toutes sortes d'influences physiques, naturelles, et de mœurs, sans luttes violentes journalières, sont déjà l'œuvre d'innombrables générations qui font, depuis longtemps, le travail de soumettre le milieu physique à l'action de leur volonté, de leur science, de leur art, et la vie sociale à l'ordre et à des sentiments de douceur. Le type humain qui ne trouve plus les conditions matérielles où il s'est formé, dégénère dans la chaleur des habitations, dans le confort, parmi tous ces soins et ces égards dont la société entoure sa nouvelle créature, l'animal décrassé, l'homme perfectionné par le développement de l'esprit ; mais dégénerer ici ne signifie autre chose que faire une autre adaptation profitable à la vie.

C'est pour cela que les hommes d'autres races, tels que les brachicéphales de la Méditerranée et du centre de l'Europe (dont nous sommes, en grande partie, les descendants), plus agiles, plus nerveux, entrent en concurrence, avec la vivacité, la ductilité, l'imagination, la perception et le jugement rapide et plus utile dans les luttes intenses et les efforts instantanés, fulgurants, des intelligences et des caractères à notre époque.

L'adaptation physique et sociale est le grand modeleur de l'homme.

Née sur les plages de la Méditerranée, la civilisation s'est levée sur une race que personne n'a assimilé à l'homme du Nord : les Égypciens. Elle a poussé chez d'autres peuples étrangers à sa lignée : les Sémites. Elle a fleuri et elle fleurit chez les peuples d'origine mongolique, malaise et polynésienne de la Chine et du Japon. Parmi les foules qui parlent des langues à racines aryennes, on ne saurait nier que la proportion des descendants des supposées races nobles du Nord est aujourd'hui minime. Des métis de tout genre, voilà la grosse majorité des populations, dans la plus grande partie des nations modernes.

Les recherches des égyptologues nous avaient déjà dévoilé l'existence d'une civilisation antérieure à l'hellénique, riche en inventions, habile dans les constructions de l'art monumental, avancée dans les arts plastiques, d'une profonde émotion religieuse, d'une noble et délicate sensibilité morale. Cette race était une race brune. Les probabilités de son origine, asiatique ou africaine, excluaient toute idée de filiation aux races du Nord et à celles du Centre de l'Europe ; mais lorsque les hoyaux des ouvriers de Schliemann et de Evans ont exhumé les ruines de Mycènes et de Crète, découvrant les palais royaux des civilisations égéenne et minoane, d'un âge bien antérieur aux invasions du Nord, œuvre évidente de peuples d'origine méditerranéenne, l'idée de la supériorité aryenne ou teutonique est tombée par terre devant la démonstration de cette vérité : les sources de notre civilisation ont jailli de cerveaux d'hommes de la Méditerranée, presque sûrement du sud de la Mediterranée.

Cette preuve suffirait pour annuler la prétention de supériorité de la race blonde ; mais, poursuivant dans ses études, la science est arrivée à constater que, à côté des diversités physiques de grandeur et de forme apparente, vérifiées dans la structure humaine, rien n'autorise l'affirmation d'une inégalité dans la constitution cérébrale, dans son développement, dans son pouvoir de perfectionnement. Le rapport entre les caractères physiques et les caractères psychiques ne s'est jamais établi d'une façon définitive, incontestable. Des recherches recentes du plus illustre des anthropologistes américains, M. Boas, ont prouvé que les caractères somatiques d'une race se modifient sensiblement, d'une génération à une autre, avec le déplacement dans un autre milieu. Ce sont des caractères que les observations anthropométriques étaient arrivées à classifier rigoureusement. Il est prouvé, quant à ces caractères, liés habituellement à la capacité psychique de l'homme, que le type de race n'est pas un type définitif, irrévocablement fixé. La couleur même, presque irréductible entre les extrêmes, cède à l'action de l'ambiant, mais la couleur n'a pas été rapportée aux caractères psychiques.

Ratzel, avec sa haute autorité en matière d'ethnographie, avait déjà écrit cette sentence : « La race, comme telle, n'a rien à voir avec la civilisation. Ce serait insensé de nier qu'à notre âge la plus haute civilisation a été entre les mains des races blanches ou caucasiques ; mais c'est un fait également important, d'un autre côté, que, par des milliers d'années, dans tous les mouvements civilisateurs, on a remarqué une tendance à élever toutes les races à la hauteur de leurs charges et devoirs, étant réalisée, par cette forme, la grande conception de l'Humanité, conception proclamée comme attribut distinctif de la société moderne, mais dont la réalisation est encore contestée. Jetons, pourtant, notre regard par delà l'étroit et bref cours d'événements que nous appelons arrogamment l'Histoire de la Terre, et nous devrons reconnaitre que des membres de toutes les races ont apporté des contributions à l'histoire qui découle de cette limite à l'histoire des temps protohistoriques et préhistoriques » (1).

Mais la science reservait encore au principe de l'égalité de l'espèce humaine une victoire plus éclatante.

L'œuvre puissante de Gobineau, l'avocat génial des prétentions du noble sang aryen, les visions de Nietzsche sur le passé hellénique, rêves de son génie romantique, exalté par l'admiration de la grandeur théâtrale de cet âge fort et agité que la poésie a fait héroïque, et qu'il contemplait, avec son imagination épique et à travers sa culture philologique, sans aucun sens de la réalité historique, étaient beaucoup pour la dialectique, mais ne donnaient pas à la théorie le fondement d'un monument durable.

Cette base a été trouvée par quelques disciples de Darwin. Exagérant le facteur de la lutte pour la vie dans la sélection naturelle, le grand philosophe naturaliste avait attenué l'efficacité de ce facteur, dans la sélection sociale : et, logique avec sa conception du transformisme, il a admis la transmission héréditaire des caractères acquis, formés dans l'individu par la lutte pour la vie, d'abord, par les facteurs accessoires de l'adaptation, de la sélection sexuelle etc., ensuite, de façon à réaliser, transmis par l'hérédité, la survivance des plus aptes et à fixer et perfectioner l'espèce, jusqu'à ce que de nouveaux facteurs viendront à opérer la caractérisation de nouvelles espèces.

A cette théorie donnent adhésion son ami, l'auteur simultané du transformisme et de la sélection naturelle, A. R. Wallace, Bates, Bateson, tous les représentants anglais de l'orthodoxie darwiniste. La doctrine de la variation des espèces par sauts ou par mutations de H. de Vries, celle de variation et d'hérédité de Mendel, le lamarckisme et toutes ses branches, les théories des particules protoplasmiques de Spencer et de ces adhérents, les doctrines de Nægeli et de

(1) *The History of Mankind.*

Roux n'étaient pas contraires à l'idée fondamentale de la perfectibilité des caractères des races, transmis de génération en génération.

On a vu se produire alors dans la science un mouvement significatif. Le professeur Auguste Weissmann, savant allemand, ancien médecin d'un archiduc autrichien, professeur à Friburg, appliqué, pendant les premières années de sa vie, à des études de Biologie et plus tard de Zoologie, a surpris tout-à-coup le monde scientifique avec sa théorie du plasma germinal, par laquelle, constatant la séparation et l'indépendance du plasma germinal et du plasma somatique dans les organismes, on arrive à la conclusion de la distinction irréductible des races et de l'intransmissibilité des caractères individuels.

A peu près à la même époque, un autre savant allemand, l'anthropologiste O. Ammon, entreprenait ses études comparatives sur les races et concluait par l'apologie de la race teutonique, prêchant le droit d'expansion et de domination de la race germanique, le droit d'empire du nouveau peuple élu des dieux, fondé sur sa supériorité morale et mentale.

Combinant ses idées anthropologiques avec la doctrine de Weissmann, il fonde sur ces théories une doctrine de conclusions sociales pratiques où l'on établit en principes scientifiques la supériorité des aristocraties héréditaires, la force et l'énergie des Germains, leur droit de soumettre les races et les nationalités inférieures, la nécessité de développer le pouvoir colonial de l'Allemagne, d'augmenter sa force navale, d'accroitre son commerce et sa colonisation dans les pays nouveaux, entretenant et développant des relations commerciales, par l'intermédiaire des allemands établis à l'étranger et maintenant leur fidélité á la Patrie, à la loi, aux mœurs nationaux, au Kaiser.

Cet effort scientifique, qui aboutit à la création de deux sciences, colonnes de l'impérialisme allemand, est contemporain des derniers temps du gouvernement de Bismarck, à l'époque de l'organisation législative, financière et sociale de l'Allemagne ; des luttes du «Kulturkampf», d'un côté, et des premières lois contre les socialistes, de l'autre ; des premières difficultés et vacillations du nouvel Empire dans le fonctionnement pratique de ses institutions, de son régime fiscal, des luttes économiques entre l'industrie, le commerce et l'agriculture, des débuts de sa politique coloniale et de l'organisation de sa force navale. Pour appuyer la « politique pratique », la politique de la «main d'acier», voici toute fondée la science pratique, bible des idées qui devraient gonfler les voiles de la « Deutschland über alles » dans son voyage de triomphe à travers les mers et les continents...

Si les théories d'Ammon n'ont pas réussi, la doctrine de Weissmann, après toutes les concessions et tous les sacrifices que son auteur lui a imposés pour la concilier avec les objections de la science, resta définitivement condamnée. Les recherches récentes ont prouvé qu'il n'y a pas de différence substancielle entre le plasma germinal et le plasma somatique et qu'il n'est pas possible d'expliquer l'évolution organique sans admettre la transmission des caractères acquis (1).

La doctrine de l'inégalité des races a perdu ses points d'appui dans toutes les régions de la science.

La race est le produit du milieu physique dans un état déterminé de la Terre. C'est le milieu qui en détermine les caractères. Nul groupement humain n'a apporté de prédisposition spontanée, gagné quelque supériorité, ou tombé en infériorité, sinon par force de la modélation de l'individu et des générations par le milieu où ils souffrent le processus de la formation organique et mentale.

Dans la comparaison de la valeur relative des races, il faut considérer le *critérium* d'avaliation et l'âge de la civilisation. C'est un fait vérifié que, pour les traits naturels

(1) P. Kropotkine — *Inheritance of acquired characters, Nineteenth Century and after, 1912.*

du sentiment, du caractère et, quelquefois, de l'intelligence, élimination faite des habitudes de discipline et de culture, les races asiatiques et africaines ne montrent pas d'inferiorité sur les européennes. L'exemple du Japon est frappant. La civilisation chinoise est surtout faite de sentiment, d'amour au prochain, d'esprit de solidarité. La thèse d'une constance dans la structure du cerveau humain et dans l'étendue de ses fonctions, depuis l'époque préhistorique des découvertes des premiers instruments utiles à la vie, a été soutenue avec éclat [1]. Depuis lors, l'exercice a développé les aptitudes, sans augmenter la capacité. Sans aller jusqu'à cette conclusion, peut-être un peu contraire à la loi d'évolution, on peut s'arrêter dans l'idée moyenne que l'infériorité, compensée par l'adaptation, peut être annullée par les moyens d'éducation de notre temps.

La phase historique de la civilisation égypcienne comprend à peine le temps de sa décadence. La seule des nations civilisées de la lointaine antiquité qui a survécu aux flots des migrations et des invasions, elle est une des races les plus débiles de celles qui sont incorporées à la civilisation. Le contact de la civilisation commence pourtant à réveiller ces esprits et ces caractères, si longtemps endormis dans une hypnose servile ou peut-être dans un sommeil réparateur.

Ethiopes, nubiens et lybiens ont été assimilés à la civilisation égypcienne ; ils ont cooperé avec les phéniciens et les grecs, et plus tard avec les arabes, à côté des berbères, à la civilisation mediterranéenne.

Pour admettre l'incapacité des races tenues pour inférieures il faudrait admettre que leurs milieux tropicaux et équatoriaux ne pourraient pas produire des êtres aptes à la civilisation ; mais cette supposition, que les faits repoussent partout, est démentie par le perfectionnement du type africain en d'autres régions : aux États Unis et au Brésil, entre autres.

---

(1) Rémy de Gourmont — *Mercure de France, Une loi de constance intellectuelle.*

Sauvages ou décadents, les représentants de ces races ne sont ni dégénérés ni incapables.

L'expérience de la capacité des races, partout où elles sont placées dans les mêmes conditions de civilisation, comme au Brésil, n'est pas contraire ni aux descendants du nègre africain ni aux indigènes. Placés dans une position sociale d'évidente infériorité, ils montrent les uns et les autres une capacité de travail et des qualités de sociabilité qui les font souvent vaincre les obstacles des préjugés, du mépris et de la solidarité des blancs. Ces enfants de cannibales arrivent à se faire des civilisés d'une haute moralité et d'un esprit raffiné. Que faut-il dire du sort de cette puissante force de l'hérédité, de l'arrêt de condamnation dû au stigmate d'un ignoble plasma germinal, incurablement empoisonné par la « tare » ethnique ?

De l'autre côté, les races blanches prospèrent ou dégénèrent dans les milieux tropicaux et équatoriaux, selon les conditions du milieu physique et du milieu social. C'est un fait vérifié, dans une large expérience.

La race donc ne saurait donner le titre aux nations qui prétendraient exercer dans le monde, *motu proprio*, le *jus imperii*.

La civilisation, expression d'un état de développement dont l'ensemble ne répond à nul « critérium » et dont les éléments ne sont pas mesurés d'après des unités connues et définies, ne trouve pas dans les moyens dont elle dispose et dans les membres qui la composent une force ou une autorité compétente pour cette œuvre de diriger et de contrôler les problèmes complexes de notre jour.

Il n'y a pas de force, de titre ni de droit assez légitime, ni assez puissant, pour cette tâche. Le droit et la force, la force et la moralité, la culture et la force, ne sont pas exclusifs d'une ou d'un petit nombre de puissances, ils ne sont pas même coexistants et proportionnés. La confusion de la force avec le droit, de la moralité et la force, argument habituel du militarisme, n'existe pas, en fait, dans aucune société contemporaine ; elle est absolument contraire au témoignage de l'Histoire et trouve une sérieuse objection dans les mœurs du présent. Les journaux, la littérature et l'observation des meilleurs esprits en offrent des documents instructifs et frappants.

Il n'y a pas une moralité de la force et un droit de la force. C'est jouer sur les mots que d'en parler. Tout indécis et débile qu'il est devant les faits et les exigences de la nature, cet ensemble de principes conventionnels qui forment le Code des lois morales répond à un penchant qui est l'opposé même de la force et qui porte l'empreinte d'un profond sentiment d'amour et d'entr'aide. Plus vacillant et plus controversé, encore, le Droit est, cependant, une formation séculaire de principes empiriques régulateurs des rapports sociaux, sur le ressort de la conciliation. Le juge est la paix en action ; et les meilleures œuvres juridiques du monde, telles que la « Common Law » et le Droit Romain, ne sont autre chose que le lent travail du besoin d'ordre sur les conflits des appétits et des passions.

Les nations, associations politiques, ne peuvent pas, isolées entre leurs frontières, avec leurs rivalités, leurs méfiances et leurs menaces, résoudre les problèmes de la société humaine et de chacun de ses groupements, dépendants de forces et de causes générales ; elles ne peuvent pas contenir et concilier, dans les moules de leurs politiques isolées et d'inspirations opposées, des vies et des affaires qui s'étendent et s'entremêlent, dans toute l'étendue du globe.

Comme pour certains intérêts spéciaux : le télégraphe, les postes, la navigation, les chemins de fer, toutes les relations de droit et d'économie tendent à reclamer des accords. L'intérêt des populations, pressées dans l'aire étroite des territoires nationaux, la nécessité de pourvoir à la vie et à l'avenir de toutes et d'explorer la Terre au profit de la totalité de ses habitants ; de régler la conservation de ses climats et de ses richesses : d'en mesurer l'exploitation, dans l'intérêt des générations futures ; d'assurer le progrès des nationalités, des groupements et des individus placés en position d'infériorité devant les critériums et les modèles contemporains de sélection créés par force d'une injuste distribution des moyens de concurrence et d'obstacles opposés à leur succès par des forces morales, sociales et économiques constituées d'après l'esprit d'hiérarchie, par des privilèges et des monopoles de tous genres ; de conserver et d'estimuler la civilisation ; de résoudre, par des solutions vraiment humaines, les problèmes de l'adaptation, de l'éducation et de l'hérédité ; tout cela impose à l'Humanité de se concentrer et de se concilier, pour entamer l'œuvre saine de remplacer par des jours de santé et de joie les jours de sang et de deuil qui s'annoncent pour l'avenir.

Pour que la civilisation remplisse son devoir et exerce légitimement ses droits ; pour qu'elle fasse la police universelle de la conservation de ses œuvres et de la continuation du progrès, libre des écarts et des dangers de la passion et de l'ambition particulariste, il faut établir le repos, l'ordre, la stabilité ; il faut donner solution, par la propriété, par la production, par le droit et par le devoir du travail, aux crises de la faim et de la misère, qui excitent les passions révolutionnaires ; il faut fonder la paix sur l'équilibre des hommes, au lieu de l'attendre de l'équilibre, instable et inégal, des nations.

La garde et le contrôle des intérêts qui dépassent les frontières nationales, supérieurs aux buts des nationalités, demandent des organes, un centre d'action. Cet organe ne peut pas être un simple corps de justice ; il faut qu'il soit un instrument de haute police et de haute prévoyance. Pour assûrer le repos rêvé par Dante, il faut établir le pouvoir cosmopolitique de Kant.

Ce pouvoir, dont les bureaux internationaux, les traités de commerce et d'arbitrage, la Cour des Prises et la Cour Permanente d'Arbitrage sont des ébauches rudimentaires, sera le couronnement politique de cette vitalité mondiale, manifestée dans tous les faits de la société contemporaine : les phénomènes d'association morale, intellectuelle et sociale, de crédit et de banque, d'entreprise commerciale, de transports, etc. ; et dont l'automobilisme et l'aérostation, comme instruments matériels plus visibles, donnent l'image suggestive.

LE PATRIOTISME

Le sentiment patriotique est pour bien des gens un obstacle au maintien de la paix. C'est un préjugé. Et l'absurde de ce préjugé sera rehaussé par l'analyse de ce sentiment, tel qu'il se présente dans les sociétés contemporaines.

Une intéressante revue française [1] a fait, il y a à peu près trois ans, une enquête entre des écrivains et des politiques sur cette thèse : « L'idée de patriotisme tend à évoluer ? »

La question contenait en elle même sa réponse. Tout évolue dans l'univers : la matière, les êtres et les idées. . .

En vérité, ce que la revue parisienne voulait savoir c'est justement le contraire de ce qu'elle demandait, c'est-à-dire, si le patriotisme tend à se dissoudre, s'il est un sentiment condamné à être supprimé par force des éléments qui mènent l'homme à étendre sa solidarité avec son semblable par delà les frontières politiques.

Ainsi exprimée, dans cette forme concise, la question contenait encore d'autres confusions.

Tout esprit quelque peu vif et fertile tisserait sur ce sujet, avec des tirades philosophiques et un peu de littérature, des discours plus ou moins suggestifs, pleins d'images, plus ou moins éclatants. Le temps est passé où de telles divagations sur des formules et sur des mots ont fait autorité ; toute intelligence médiocrement éclairée exige aujourd'hui plus

---

(1) *Les Annales Politiques et Littéraires.*

de justesse et de netteté dans la représentation des choses, des idées et des sentiments.

Avant de s'enquérir sur l'évolution du patriotisme, il faut s'entendre sur ce que c'est que la Patrie. La notion de Patrie peut représenter une réalité objective: le pays avec son peuple, ou son image subjective. Les deux idées, enfin, sont susceptibles, même dans leur sens vulgaire, de plus d'une interprétation.

Si l'on pouvait donner à un sauvage africain une notion approximative de l'idée que nous attachons au mot Patrie, en lui demandant ce qu'il en pense, c'est presque sûr qu'il nous ferait sa définition en se rapportant au *totem* de sa tribu, l'être qui, selon les préjugés de la religion élémentaire des peuples primitifs, représente le lien commun de la tribu. Un barbare, un peu plus avancé dans la civilisation, rattacherait le mot à la communauté présidée par le dieu qui l'a conduite, soutenue et protégée dans les voyages de migration, et qui lui donna la terre qu'il habite. Pour un Romain, ou pour un Grec, la patrie était la terre démarquée, telle que l'aire de Carthage mesurée par le cuir de Didon, sous le reflexe de l'auréole des dieux de son peuple et sanctifiée par le souvenir des aïeux.

Du *totem* à la divinité, la vénération pour l'ancêtre exprimait réellement le lien qui rattachait les hommes entre eux et à la terre habitée. Le *totem*, l'être que l'homme a divinisé par une sorte de vénération, et, pour les peuples d'un âge plus récent, le héros, le demi-dieu, le dieu, ce fut, toujours, l'image d'un premier être, fort comme nul autre, qui, par sa vigueur, par sa grâce, par l'avantage conféré par un génie des forêts, avait gagné le pouvoir suprême sur une race inférieure, fondé un peuple d'élus ou présidé aux origines de l'association.

La religion, en embrassant toutes les conceptions intellectuelles de l'homme, comme aujourd'hui la philosophie, dominait l'idée de Patrie, l'associant à l'origine, à l'ascendance du peuple. Le peuple, étant une grande famille rustique, dans un milieu inconnu, entourée d'ennemis, avait toujours les yeux fixés sur le passé où, par delà le brouillard des légendes, brillait le soleil protecteur qui l'avait guidé.

Avec l'ambition de religion universelle, dans le christianisme, la notion de Patrie s'affranchit de l'idée religieuse ; et, soumise avec les autres idées de l'antiquité, à la forge du moyen âge, elle s'est fixée, avec les nations modernes, dans une abstraction à deux faces : dans l'une, l'empreinte intellectuelle de l'esprit grec et romain grava l'expression du lien affectif entre l'homme et le pays natal : la patrie était le foyer d'un peuple ; dans l'autre, les habitudes militaires ont maintenu la notion d'hostilité contre les autres peuples, ce qui était la forme matérielle du sentiment des anciens. La patrie est, pour les peuples modernes, le pays de la famille et du travail et un campement militaire, ses frontières étant, tout à la fois, la muraille de la grande propriété commune et un retranchement. Les deux notions, fondues dans l'esprit populaire, se traduisent par un obscur sentiment de tendresse pour le pays natal, de charme pour le paysage de l'enfance, des jours de travail, de deuil ou d'allégresse, de vénération pour le souvenir des aïeux, d'amitié pour les voisins, et, en même temps, de zèle pour le pays et pour les biens, de souci pour la vie, le sort et l'avenir personnel et des siens, menacés par l'ennemi ; de terreur et de haine, enfin.

Mais le premier de ces liens, celui de relation affective, esthétique, avec le sol natal, ou fondée sur l'intérêt — le sentiment du bourgeois des villes et du paysan — était un lien trop faible pour la vie morale de ces sociétés, agitées par les terribles convulsions des luttes féodales et des combats entre les grandes monarchies et les empires.

La forme du patriotisme belliqueux, le patriotisme du drapeau et du point d'honneur, aggressif, romanesque et dramatique, était plus propre à passionner les âmes et à influer sur les esprits que cet autre sentiment, fraternel et pacifique, en une époque où les imaginations bouillonnaient dans les heurts des impulsions barbares, dans les luttes de conquête. Chevaliers et bardes claironnaient par toutes les couches de la société le bruit de leurs faits d'armes et de leurs aventures d'amour en nouvelles et « chansons de geste », faisant croire aux âmes ingénues de ces temps que la vie et l'activité sociale, l'inspiration et le but de la nature de l'homme se trouvaient dans ces exploits sanglants où l'on jouait la vie, au choc des épées et des boucliers, pour la main d'une châtelaine, ou pour la conquête d'un empire.

La littérature et la politique, traduisant en formules et en symboles cette conception du patriotisme, la fixèrent et la propagèrent ; et la notion intellectuelle, avec ce pouvoir dominateur inhérent aux idées indiscutées que la presse répand et fait circuler, gagna une force dogmatique sur les intelligences.

De même que la renaissance de la culture classique a introduit dans la société du moyen âge la formule des Grecs et des Romains, les lettres, l'histoire de la chevalerie et le romain féodal ont transmis aux générations successives le type du patriotisme militaire, brillant comme le métal des boucliers et vibrant comme le son du cor.

Les gens de droit, chanceliers ou confesseurs, conseillers intellectuels des grands chefs, faisaient les lois, inspirés de ce principe ; politiques et diplomates faisaient, dans les cours, les combinaisons d'intérêts à l'ombre de la divinité guerrière qui semblait relier le caractère et l'âme des peuples. Parfois, d'une âme de poète ou de philosophe, partait d'une retraite ignorée un vain regard sur l'avenir, un trait de lumière humaine et élevée : la science des « praticiens » s'empressait à effacer l'etincelle et l'art courtisan remplaçait la lumière de la vérité, qui commençait à poindre, par la flamme éblouissante de la passion et de la violence.

Avec le dénoûment de ce drame colossal, entre nations, dans l'aventure napoléonienne, le courant de l'évolution militariste se précipita dans la pente qui devait l'étendre et la disperser, mais le livre, cette arme qu'on ne détruit pas facilement et qui ne se rouille pas, perpétua, avec le classicisme dans les idées et dans les formes d'art, les notions juridiques, sociales, politiques et littéraires de l'esprit militaire ; et aujourd'hui encore, lorsque dans quelque recoin du monde, parmi les populations étrangères aux luttes politiques, sans aucun souvenir de guerre, l'image de la Patrie est évoquée, elle bondit des lèvres des orateurs et de la plume des journalistes avec l'armure de Jeanne d'Arc.

Ces conceptions avaient, pourtant, racine dans la solidarité primitive des nations d'unité ethnique.

Il n'y a pas une seule nationalité moderne qui soit formée par les mêmes éléments et caractères homogènes qui réunissaient les peuples d'autrefois, disciplinés, en parfaite cohésion, sous la domination puissante des premières monarchies médiévales.

Les sociétés politiques n'obéissent plus aux liens classiques de l'unité : l'identité de race, de religion, de langage, d'habitudes, de lois, n'est plus l'étoffe dont on fait le drapeau des nations modernes. Chez les plus anciennes, sous une apparente unité, plusieurs races se sont confondues, les religions se sont altérées ou attenuées, les mœurs se sont transformées : il y a des fédérations ethniques, juridiques, de langues, de religions et de mœurs. Dans toutes, les intérêts économiques ont passé à influer comme des forces d'expansion, se détendant par delà les frontières.

Les idées de société politique, de nation et d'état ont fini par faire éclater la forme des définitions juridiques ; et les jurisconsultes font des prodiges d'effort pour trouver des formules correspondantes à la forme donnée par les nouveaux groupements de peuples sur leurs territoires, dans les classifications doctrinaires. Ces idées se rattachent à l'idée morale et politique de Patrie.

Il n'existe plus un seul pays formé d'une race ou même d'un type national homogène.

Dans les nationalités du vieux continent, des éléments adventices, réunis par suite de guerres et de traités, ont placé, côte à côte, dans chaque territoire, des groupements distincts. La France, L'Allemagne et l'Italie sont parsemées de populations étrangères à leur type primitif; tous les autres pays offrent des différences encore plus remarquables; et, laissant de côté certains peuples asiatiques, parmi lesquels se trouverait peut-être le cas exceptionel de notre thèse, le nouveau continent est un grand laboratoire où tous les éléments et les caractères de race, de religion, de mœurs et de langage se rencontrent rapprochés sous la protection de la même loi et de la même autorité, résistan- à la fusion.

Au Brésil, le descendant du premier colonisateur portugais, celui de l'africain, de l'indigène, de l'italien, de l'allemand, du slave, à côté du colon d'aujourd'hui, ne trouveraient que difficilement dans l'ensemble des éléments de la notion classique de Patrie et même dans le plus grand nombre d'entr'eux la racine d'un sentiment sérieux et profond; et le Brésil est un pays de colonisation lente et limitée.

Aux États-Unis, l'héritier de l'un des premiers occupants de la Virginie est le compatriote de l'allemand récemment arrivé et qui ne parle pas même la langue anglaise. Pour le premier, la patrie est le pays de l'orme de Washington, le paysage de la vaste et verdoyante campagne où le général de l'Indépendance a fait ses retraites triomphales, l'abri de Mount Vernon qui l'a vu naître et d'où il lança, sur les destinées de la nation, la bénédiction prophétique du « Farewell Address ». Pour l'autre, c'est le pays choisi pour abri d'une nouvelle existence, libre de déceptions matérielles ou morales et peut-être de persécutions politiques, pays dont la perspective surgit dans son âme, meurtrie par les douleurs passées, mais encouragée par l'espoir, rêvant la paix, l'ordre et la prosperité comme la terre promise au repos de ses derniers jours et à l'avenir des enfants.

Même chez les descendants des premiers colonisateurs, le rapport entre l'homme et le pays n'est pas le même que chez nos aïeux ; le nombre des « déracinés » se multiplie partout. En changeant de province, de paysage et de milieu, l'homme laisse derriére lui les liens de parenté et d'affection, il en oublie les habitudes, il prend de nouveaux plaisirs, des affinités et des façons nouvelles. Ce fait est commun et plus marquant dans les pays nouveaux, démocratiques, sans traditions et sans préjugés héréditaires.

Les éléments concrets et les éléments subjectifs de l'ancienne notion de Patrie se sont décomposés : une nouvelle notion commence à se former avec quelques uns d'entre eux et d'autres éléments nouveaux, non pas encore pour se fixer : l'évolution est contraire à la fixité ; mais pour diriger, pendant des dizaines ou des centaines d'années, le sentiment de rapport entre l'homme, le milieu et la société nationale.

Dans la plupart des individus, le sentiment patriotique est fait de traits et de fractions des mêmes composants anciens mais la proportion de ces composants est tout-à-fait autre : et ce qui doit caractériser la nature du patriotisme moderne, c'est l'inversion de son mobile, l'écart de la boussole qui le dirige.

Le patriotisme d'autrefois avait sa racine dans le passé et tenait l'âme aggressivement dressée contre l'étranger ; le pays était la région sacrée des aïeux, le décor des légendes divines, où des tombeaux et des monuments retenaient les yeux sur le passé. Les premiers hommes, divinisés, devinrent la sagesse parfaite et absolue dont les conseils étaient démandés comme principes directeurs de l'existence : le Dieu Créateur et Révelateur de toutes les religions eut des rapports avec les fondateurs de la nation et leur transmit les lois immortelles qui devaient les guider, ainsi que leur postérité. D'un autre côté, l'étranger était l'ennemi de Dieu, de la vérité, de la loi et, pourtant, de la Patrie.

L'un des effets les plus remarquables des religions primitives sur les destinées de l'homme ce fut l'asservissement de son jugement à la loi du passé. Il y a une erreur dans l'assertion vulgaire que la lutte pour la vie fut l'origine de l'hostilité entre les hommes. S'il était possible d'admettre un homme primitif, agissant avec calme et sérénité sur le milieu matériel pour obtenir la subsistence et le confort, cet homme trouverait dans les lois mêmes de l'équilibre et de la compensation de la physique terrestre et de l'action sociale les solutions de ses luttes; mais la terreur de l'inconnu et la frayeur de l'imprévu, qui l'assaillirent, l'ont conduit au surnaturel, d'un côté, et à la guerre, de l'autre.

Dès qu'il créa un législateur souverain et absolu qui lui ordonna des lois immuables, il se rendit esclave du passé et s'habitua à chercher, dans la parole révélée de Dieu et dans celle des aïeux, la leçon de ses actes : l'histoire, l'esprit de classicisme, la scolastique, la force de l'autorité, base encore de quelques soi-disant sciences, ont consolidé cette habitude; la sagesse des anciens était l'oracle de nos parents. Le jugement humain s'est trompé dans l'estimation de la valeur du passé. Au lieu de rechercher dans ses faits et ses succès les données et les éléments des lois sociales, il a fait de ces mêmes faits, des exemples, des modèles et des lois de la conduite. L'homme imita et copia le passé, au lieu d'en étudier les phénomènes et d'en analyser les caractères, pour en déduire après les règles de la vie.

Créant ces lois par synthèse et les soumettant au contrôle de la représentation idéale du développement de notre nature et de la nature de la société dans l'avenir, il aurait un guide, basé sur une observation supérieure aux contingences qui enveloppent les faits particuliers. Ces lois formeraient une sorte de code scientifique de la finalité et de la destinée de l'homme; elles se résumeraient dans un idéal réalisable de progrès.

L'homme a mieux aimé, au contraire, tourner le dos à la destinée de son existence et à l'étoile polaire de son esprit :

la conception idéale de l'avenir, déduite de la synthèse des observations du passé, de l'étude de la Terre et de sa nature animale et sociale.

Les mœurs, les lois, les traditions et les sentiments de l'aristocratie ont donné à la tendance retrospective du sentiment de rapport social avec le sol une autre racine : celle de la noblesse de sang, en l'appuyant sur les gloires du passé et en l'élévant en raison de l'ancienneté. Les fastes de la noblesse, très influents sur l'imagination populaire, fortifièrent, par le courant littéraire, la croyance dans la supériorité du passé, de leurs hommes et de leurs institutions.

La patrie, foyer des aïeux, « terra patria », est l'image retrospective de l'amour pour le pays natal, comme les autres concepts basés sur la tradition, sur l'obéissance à la coutume, sur l'exemple et sur l'imitation, sont des mouvements rétrocessifs de l'esprit, appliqués à toutes les expansions de la vie.

La vénération est, sans doute, l'une des plus belles fibres morales de l'âme humaine ; elle n'est pas, cependant, un agent psychique de la vie.

La lutte industrielle, succédant à la lutte guerrière, avec tous ses effets pratiques : la suppression des privilèges de caste ; le rapprochement des groupes sociaux ; intéressèrent l'homme plus intimement à son propre sort, à sa conservation et à celle de son espèce, créant d'autres liens de solidarité avec la terre, ses richesses, ses produits et ses instruments.

Le regard humain, éclairci du brouillard qui le voilait, commence à voir plus clair le monde et la vie : l'homme gagne la conscience nette de ses intérêts et de ses destinées ; il comprend que son sort dépend de cette espèce de seconde vue qui fait du problème du lendemain l'objectif constant de ses actes. L'esprit d'économie se développe ainsi que l'ambition de force et de capital, la prévoyance, la faculté de prévision, l'étude des probabilités de succès et de fortune, la persévérance : l'homme tourne son regard du côté de l'avenir.

Avec le développement de l'ambition, le zèle pour le sort de la famille se fortifie : le sentiment humain, éparpillé jusqu'alors par toute espèce de croyances, devient objectif et se concentre dans les affections réelles ; l'amour absorbe la foi ; la divinité se vérifie dans les formes diverses de l'idéal, qui pour les âmes plus simples se résume dans le problème du sort des enfants.

A' la séduction des aventures succède l'ambition de sécurité, de tranquillité, de paix, base unique du travail continu et prévoyant.

L'ambiant des mœurs et des idées commence à se saturer d'un esprit d'harmonie, de commerce, d'industrie, de solidarité.

Dans l'endroit où nous nous installons, si nous ne contemplons pas toujours l'arbre séculier qui rappelle la mémoire paternelle, nous regardons, avec plus de tendresse, les rejetons qui suivront la vie des descendants ; l'émotion esthétique de la patrie est représentée par une image printanière, au lieu de l'image automnale qui attirait le regard de nos parents.

Des mœurs plus douces et plus humaines, des lois plus libérales et des droits plus sûrs, des garanties plus solides au développement moral et économique, créent une atmosphère sympathique, illuminée par l'impression optimiste de l'espoir.

De la nuit de terreur, qui enveloppa le berceau de l'homme primitif, les âges ont marché vers nos jours, jusqu'à l'aurore dans laquelle nous nous réveillons. Le passé a été conduit par la panique vers le mystère surnaturel et vers la lutte à main armée ; le présent est conduit par l'espoir vers les réalités tranquilles de la vie. C'est que l'homme a commencé à connaitre la Terre, à découvrir ses secrets, a apprendre comment la traiter, pour en recolter les fruits, sans la détruire.

Pour la plupart des habitants d'un pays, les questions extérieures, les armements, les possibilités de guerre, les problèmes militaires, sont des sujets presque étrangers, et toujours antipathiques, aux préoccupations de la vie ; et, si ce n'étaient pas les journaux qui apportent chaque matin, ou de temps en temps, les nouvelles de l'agitation politique ; s'il n'y avait pas des lettrés, enclins à ces questions parce qu'ils les supposent supérieures à l'étendue des intelligences communes, ces sujets ne dérangeraient même pas le repos des gens qui travaillent.

La patrie moderne a son ambiant physique et son image esthétique dans le paysage de l'habitation et des heures de repos ; son ambiant social, dans la famille, dans le cercle des amis, des clients, des vastes relations économiques et intellectuelles de notre époque. La sensation de sécurité et de protection légale rassure et encourage les esprits. Sur le sentiment natal, qui attache la plupart des hommes aux affections du passé, le zéle, prédominant, pour le sort des enfants, greffa l'attrait plus intense, plus animé, plus encourageant, de l'intérêt pour la conservation et pour le progrès de la terre des descendants.

Pour l'homme contemporain, la patrie des enfants succéda à la patrie des parents, de nos ancêtres. Et si son âme, en réservant pour le passé le culte de la vénération, se tourna vers l'avenir, et dirigea ses pas considérant sa destinée et le sort de la postérité, la nature du sentiment patriotique a été de la sorte modifiée.

Le lien qui unissait dans l'antiquité les naturels d'un pays était plus serré, mais ne possédait pas l'empreinte morale qu'il a de nos jours. La religion, particulière au peuple, représentait le but de l'homme lié à celui de son Dieu dans une étroite solidarité, sur le petit coin du pays natal, contre le Dieu et les hommes des pays voisins. L'intérêt de la défense et celui de la possession du pays les retenait sous cette discipline, sous la menace oppressive de l'hostilité étrangère.

La possession tranquille du pays, l'influence des mœurs industrielles succédant aux mœurs militaires, le régime de l'autorité légale remplaçant l'arbitre des chefs guerriers, la conscience de la sécurité et de la protection juridique, ont répandu sur les territoires des pays un réseau de solidarités plus fort et plus intime parce qu'il embrasse les individus entre eux au lieu de les soumettre à un pouvoir ou à un symbole supérieur.

Les éléments de la race, de la religion, des mœurs et de la langue, s'étant attenués, les communautés nationales ont perdu le caractère corporatif; les éléments moraux, sociaux et économiques, s'étant développés, la forme d'association s'est fortifiée.

La patrie est ainsi devenue l'*habitat* d'une société basée sur l'entente entre les individus dans l'intérêt de la conservation et de la prospérité de la génération présente et du sort de la postérité, gouvernée par la conscience d'un même but et d'une protection légale effective. Le patriotisme est l'expression de la solidarité nationale.

La société et le territoire sont les éléments statiques de cette unité; l'intérêt commun, moral ou matériel, son agent dynamique, pour les individus d'une même époque et se projetant vers l'avenir.

La confiance dans la protection de la loi forme l'enveloppe abstraite de cette masse d'intelligences et de volontés.

Il est intéressant de suivre tant soit peu les signes de décadence des éléments classiques de l'idée de patrie. Celui, d'entre tous, qui est devenu le plus faible est celui de la race.

Prenons, par exemple, le Japon, et, dans les deux branches principales de ses habitants : la branche continentale et la branche océanienne, nous trouverons des tâches variées de races distinctes : des malais, des polynésiens, des chinois, des mandchous, des mongols, etc. L'exemple est peut-être le plus typique, grâce à l'unité apparente du peuple japonais.

L'idée de nationalité, dans son sens classique, est, en général, celle qu'on cherche à représenter par le mot « race ».

Si aux temps où les migrations étaient plus difficiles et plus lentes, il a été impossible de préserver, dans un territoire isolé comme celui du Japon, une race unique, il est facile de comprendre la variété qui s'est produite dans les autres pays, où les courants migratoires se sont précipités violemment et fréquemment. La prétendue unité de la race indo-européenne n'est qu'une simple fiction, résultante de la suprématie politique des « aryens » sur les populations primitives des pays conquis; et, encore, après l'invasion des aryens, il n'est pas difficile de trouver, dans presque tous les pays européens, d'autres éléments migratoires: des touraniens, des mongols, des berbères, des sémites de plusieurs origines, etc.

C'est une vraie utopie que de songer à former des races nationales à notre époque, dans les pays nouveaux.

La parfaite connaissance du globe, de sa géographie physique, politique et économique, le grand développement des moyens de communication, de transport et de commerce, l'intense expansion des initiatives et des ambitions, multiplient et augmentent les migrations individuelles et collectives.

Une autre conception fausse du problème des jeunes nationalités c'est celle qui fait dépendre leur développement de l'introduction d'immigrants des races européennes, parce que l'on attribue l'insuccès des descendants des habitants primitifs, indïgènes ou étrangers, à une sorte de dégénération ethnique. Cette observation partiale et contradictoire n'est vraie que dans les colonies officielles, où les nouveaux immigrants sont accueillis et localisés avec des privilèges et des égards exceptionnels, et tant que durent les conditions spéciales qui maintiennent ces populations comme un peuple étranger au milieu, animé de l'ardeur des colons.

On n'a pas voulu voir, dans la prospérité de ces immigrants, l'enthousiasme naturel des nouveaux explorateurs, stimulés par l'espoir et par l'ambition et secondés par le gouvernement. Ceux qui sont répandus dans tout le pays obéissent également à l'impulsion initiale de cet esprit d'aventure, qui est un grand propulseur d'initiatives ; mais les générations qui succèdent aux colons immigrés déclinent toujours, jusqu'à ne pas montrer aucune supériorité, dès que l'élan de l'ambition et les conditions privilégiées de la colonisation cessent d'agir.

Cet avantage qu'ils ont sur les nationaux ne dépasse pas la vie d'une génération ; mais la vraie cause de la décadence de leurs descendants est la même que celle des descendants des habitants primitifs: la facilité de la vie, l'absence d'un égal appui gouvernemental et, surtout, l'instruction qui leur est donnée par cet enseignement de pédantisme, d'oisivité e de surmenage qui tient la place de l'éducation dans les écoles.

Les nouvelles générations oublient vite les leçons de courage et de travail, pour apprendre des fleurs de rhétorique et d'inutiles théories, et pour ambitionner les douceurs du parasitisme.

Presque partout les mœurs ont perdu une grande partie de leur force, comme élément de cohésion nationale. Tandis que l'on remarque la tendance universelle pour l'uniformisation de certaines habitudes, malgré l'intérêt des gens et les conditions locales, devient moins sensible la gènéralisation, dans chaque pays, des anciennes habitudes nationales. Avec l'invasion des habitudes mondiales qui se généralisent et le maintien de quelques habitudes locales, ce sont les habitudes nationales qui s'effacent.

La langue, n'étant pas toujours unique, comme, par exemple, en Suisse, ne semble pas tendre vers l'unité.

La religion ou, pour mieux dire, les religions sont un élément effacé comme facteur politique, mais susceptible de reprise. Étant le plus absorbant de tous les mobiles de la conscience morale, elles se développent avec énergie et tendent à former un tissu serré de solidarités.

Une légère analyse de la valeur pratique du sentiment religieux dans la vie et dans la conduite des peuples contemporains, prouve que, tandis que dans le cours ordinaire de la vie sociale ce sentiment exerce une grande influence, il y a une grosse contradiction entre cette influence et la situation des croyants dans les occurrences plus graves de la vie des sociétés.

Impuissantes à réaliser pratiquement les promesses et les espoirs de leur Morale et de leur Philosophie, les religions, tout en se croyant universelles, manifestent l'extrême débilité de leur force dans l'hostilité des gens de même croyance appartenant à différentes nationalités. Des catholiques se battent contre des catholiques, des protestants contre des protestants, prouvant ainsi que la simple fraternité entre fidèles du même *credo* que le lien religieux devrait réaliser, la fraternité générale semblant impossible à beaucoup de croyants, ne résiste pas, dans la pratique, à des mobiles de nature matérielle.

Chez le même peuple, dans les guerres civiles, catholiques et protestants se partagent entre les partis combattants et se massacrent sans attention à la foi.

La religion n'est pourtant pas, dans la pratique, ni un lien de fraternité entre les hommes, ni même pas une ligne de division entre les nations et les groupes sociaux : si elle ne relie pas universellement les croyants, elle ne les sépare pas non plus, dans chaque pays, des adeptes des autres *credos*.

Sa destinée est de former un simple lien spirituel entre les individus. L'indifférence pour la foi dans les champs de bataille et dans les luttes politiques internes, est pourtant dans la logique de sa nature, sauf l'aveu, qui en résulte, de l'impuissance de toutes pour réaliser l'idéal de la fraternité. En réunissant les consciences sous les principes de la Foi, de la Philosophie et de la Morale, les religions peuvent exercer sur les sociétés une salutaire action cohésive si elles s'attachent à diriger les croyants dans l'application de ces principes dans la vie sociale, sans en faire des drapeaux sectaires. Toute la difficulté du problème de l'influence religieuse est dans ce point. Maintenus dans la haute region des consciences, les idéals religieux ne heurtent ni ne blessent la forme temporelle des sociétés ; ils peuvent agir, en général et souverainement, comme facteurs de contrôle et d'exemple. Lorsqu'ils descendent de cette sphère dans celle de la vie pratique, le sentiment religieux perd la sérénité et la tolérance, les vertus capitales de la discipline des consciences. Prêtres et fidèles passent à confondre les mobiles et les intérêts de la morale pratique et politique avec les nobles suggestions de la croyance ; et, puisque ces intérêts sont plus impérieux, la morale spirituelle se corrompt, l'idée religieuse s'avilit, et la croyance devient une divise séditieuse, faute de sève spirituelle.

C'est la grande cause de l'affaiblissement du lien religieux. Ne pouvant maintenir la céleste béatitude qui inspira les martyrs et les apôtres, la religion s'est dégradée en secte. L'œuvre du prosélytisme, se contentant d'un *minimum* de foi et de conscience morale dans chaque individu, s'efforce de grandir dans le sens du nombre des croyants ; à l'objectif de fortifier la culture spirituelle, succéda celui d'augmenter les populations de fidèles ; le culte devient le but principal, sinon unique, des Èglises, au préjudice de la Foi, de la Morale, de la Philosophie.

Toutes les religions peuvent être tenues pour bonnes, tant qu'elles se contentent d'être purement des religions. Dans leurs credos, vus du même horison des buts moraux, se manifeste le rêve éternel de la perfection que l'homme a toujours cherché dans les hauteurs, pendant qu'il détruisait sa planète.

Le danger pour les intérêts pratiques de la société n'est pas dans les luttes spirituelles des religions mais justement dans leur déplacement hors de ce terrain.

Dans les disputes religieuses, ainsi que dans les luttes entre les nations et les partis politiques et sociaux, on vérifie toujours la même maladie des collectivités: l'impétuosité passionnelle des grandes masses.

Chaque individu normal est, dans le domaine de sa conscience et de son intelligence, une unité équilibrée par la raison: deux individus qui s'assemblent, ne pouvant pas juxtaposer leurs jugements, puisqu'il n'y a pas deux natures égales, créent une règle conventionnelle de conduite, orientée par le but commun ; et, ainsi de suite, dans les collectivités les plus complexes. Si la direction est rationnelle, elle se concentre exclusivement dans l'objectif de la convention entre les consciences, et l'action collective est utile. Mais la direction rationnelle demande une pensée directrice supérieure, capable de concentrer, dans un puissant foyer, le sentiment et l'idée sociale, et une société cultivée, capable de reflèter l'idéal ; si ces éléments spirituels viennent à manquer, le centre directeur décline, la passion prend le dessus et l'association se transforme en centre de fanatiques, d'énergumènes, de révolutionnaires ou de réactionnaires. Avec l'apôtre S^t. Pierre, la religion fut une société de mystiques et de martyrs ; avec Grégoire VII, une société politique et diplomatique militante. Le mal des religions est le même de toutes les collectivités: la passion, l'intolérance, l'intransigeance, la force impulsive et irréflechie, qui domine la raison.

Le danger social n'est ni dans l'esprit religieux ni dans l'esprit anti-religieux, ni même dans les luttes entre les deux forces ; il est dans le *morbus* passionnel de la société.

Il n'y a pas de religion nationale ni de nation religieuse ou anti-religieuse. Idée abstraite de la société politique, la nation peut coexister avec toutes les tendances religieuses ou en dehors d'elles, avoir sa religion, ou ne pas en avoir, évoluant et se développant sous l'inspiration unique des principes politiques, sociaux et économiques qui règlent la conduite de la société temporelle. L'homme s'asssocie dans plusieurs buts et sous des mobiles différents, et de même que, dans chaque conscience, on ne saurait concevoir de conflit entre les pensées qui conduisent l'individu, vers différentes associations, les associations ainsi formées doivent se rencontrer, dans le terrain pratique, sans répugnance et sans dispute.

La société politique, la nation, et, pourtant, la Patrie contemporaine, est composée d'individus de races et de religions différentes ; les mœurs, tendant à prendre des formes universelles, quant aux aspects supérieurs et généraux de la vie, perdent les traits de caractère national, tandis que subsiste une infinité de variantes, dues à des influences locales, quant aux actes communs de la vie. De toutes les formes historiques, la langue seulement, sauf exception, se maintient.

Mais la langue n'est pas un trait distinctif, étant commune, parfois, à plus d'un pays ; elle n'est pas non plus, dans chaque pays, un élément vraiment traditionnel. Œuvre de l'intelligence populaire, profondément évolutive par effet de l'adaptation et sous l'influence des besoins, de la civilisation et du progrès, elle transforme et multiplie, rejette et adopte, incessamment, des images et des symboles d'expression.

La patrie moderne, n'étant pas le pays d'une race et d'une nationalité, d'une religion et d'individus reliés par des mœurs identiques, n'étant plus fondée sur la tradition, est devenue un corps politique, social et économique, une société volontaire.

Ce lien a remplacé le lien nécessaire des anciennes sociétés nationales. Il y a ainsi un fond d'accord, de convention tacite, dans la forme des nations modernes.

L'esprit de libre association sème des populations cultivées sur la Terre, d'où surgissait autrefois la faune de l'homme rustique et de l'homme barbare. Le patriotisme, d'instinct social qu'il était, est devenu un mobile rationnel et affectif.

Dans ces sociétés, la nature du pays et de son exploitation, les règles conventionnelles de sécurité et de protection commune qui se traduisent dans l'ordre légal, créent des intérêts de réciprocité et d'entr'aide. Il y a un fort élément de coopération et de mutualité morale et matérielle entre les groupes qui les composent.

Chaque individu a, devant soi, un horison d'intérêts généraux, différents de ses propres intérêts, qui s'étend par toutes les classes et tous les groupes sociaux ; il contemple la perspective d'un intérêt futur, dans le sort de la postérité, lié à la richesse du pays et dépendant de sa génération.

De la réunion de ces intérêts communs aux hommes de la même génération, et du sentiment de prévoyance dans l'intérêt des génération futures, résulte la conscience de la nationalité. La Patrie est l'âme de la nation ; le patriotisme, le sentiment affectif entre les hommes d'une même génération et de ceux-ci envers les hommes de l'avenir, chez un peuple fixé sur un territoire.

Il ne suffit pas, cependant, de reconnaitre l'existence d'un certain nombre d'intérêts communs aux individus qui habitent le pays et permanents par delà le présent, pour conserver nette dans l'esprit l'idée de Patrie : il faut, encore, fixer la nature de ces intérêts, définir les droits qui en découlent.

Intérêts et droits de l'homme se sont développés lentement, au cours de l'Histoire, en des conquêtes partielles. L'absolutisme figurait l'État comme le seul représentant de la collectivité. La plèbe des individus ne possédait pas des intérêts propres, résultants de la nature humaine : elle ne possédait que des « droits », des facultés que le pouvoir souverain dispensait, petit à petit, bon gré mal gré, non pas en considération de la nature humaine, mais pour consacrer l'existence de possessions et de facultés dejà acquises. Les droits de l'individu, avec un but patrimonial, d'abord, et un but politique, ensuite, n'exprimaient pas, en aucune société, des garanties à l'exercice des facultés naturelles de l'homme, à la satisfaction du besoin de vivre et de progresser. L'individu n'était pas, tout d'abord, une unité reconnue ; il le devint, plus tard, pour des effets limités, avec les révolutions et les conquêtes, au fur et à mesure que des nouvelles couches de la société montaient et s'incorporaient à l'État.

Le mot de Metternich: « le monde commence avec le baron » était une synthèse historique.

Cependant, puisque les classes qui faisaient les révendications ne les conquéraient que parce qu'elles se trouvaient être assez fortes, ce qu'elles réalisaient effectivement c'était leur ascention: les droits déclarés pour l'immense masse du peuple n'étaient que des titres nominaux.

Rédigées en forme de garanties juridiques dérobées à la royauté, les lois constitutionnelles considèrent seulement des *droits*, outre la liberté, la sécurité et l'égalité politique, les acquisitions matérielles et intellectuelles déjà accomplies par l'homme. Elles ne protègent la vie que comme expression de l'existence: mais elles ne reconnaissent pas à tous les hommes devant la société, le droit à cet ensemble de facultés et de biens élémentaires indispensables pour que l'existence ne soit pas une simple façon de végéter, pour que l'organisme dispose, toujours et partout, à la maison, dans les rues, à la campagne, de la lumière, de l'air, de la nourriture, de la salubrité, de l'hygiène, du vêtement confortable et décent; pour que l'esprit puisse acquérir les notions nécessaires à la vie et au travail; pour que les conditions de succès soient égales pour tous dans l'effort pour la culture et pour le perfectionnement, pourvu que les capacités soient aussi égales.

Pour la société de nos aïeux, tout le système des droits humains semblait subordonné au postulat d'Aristote: « l'homme est un animal politique ». Fils et serviteur de l'État, il était subrogé dans les facultés et dans les pouvoirs que celui-ci lui cédait: créateur et coopérateur de l'État, il est aujourd'hui son associé; et la fraction de liberté à laquelle il renonce doit lui valoir une parcelle égale de garanties à la vie réelle, pratique, organique, de son corps et de son esprit.

L'égalité devant la loi a, aujourd'hui, un sens qui doit atteindre la vie en toute sa plénitude ; elle doit comprendre le devoir d'appui à tous pour la réussite du *maximun* de développement des facultés.

En passant du régime des privilèges à celui de l'égalité, le progrès du droit s'est fait du haut en bas par la successive incorporation des individus et des classes à la couche dominante. Dans toutes les nationalités classiques, et dans celles qui les ont imité lorsqu'elles sont arrivées à l'état de notre civilisation, l'égalité légale s'est exprimée par la suprématie d'une classe douée de privilèges effectifs sur une foule gratifiée de titres d'électeurs, des premières lettres et des quatre opérations.

Société, nation et patrie sont des idées élégantes, des abstractions de luxe intellectuel, dans les milieux des gouvernants et de la bourgeoisie lettrée et économique ; le peuple ne compte que dans la rhétorique des discours politiques et pour l'usage d'un droit de vote que les dominants conduisent par l'infinité de moyens de pression et de ruse dont ils disposent, et dont il n'exerce, parfois, la libre disposition que pour se lancer aveuglement dans la voie de l'impressionnisme et de l'utopie.

Dans cette aristocratie de fait, le patriotisme est la vertu professionnelle des politiques et des fonctionnaires et une distinction hiérarchique des intellectuels et de la bourgeoisie.

Pour la bureaucratie, les politiques et la bourgeoisie, la Patrie est une espèce de vision dont l'image se ressent de rêveries chevaleresques, de vagues sentimentalités romanesques, d'archaïsmes inconscients, d'attachement matériel à la terre et de passion maladive pour ses symboles. Au fond, les orateurs de nos démocraties repètent, dans leurs déclamations patriotiques, les mêmes bravades des chevaliers et des bardes des temps féodaux. La patrie est, matériellement, le pays natal ; le compatriote, le fils du même pays. C'est un sentiment artificiel qui, sauf sous l'impulsion de la passion guerrière, tout le monde sacrifie, tous les jours, dans la lutte des intérêts personnels. C'est la notion la plus égoiste, tout en étant la plus tapageuse, qui, en s'attachant au pays, se passe de la solidarité. Le compatriote n'est pas le frère dans le travail, celui avec qui nous nous disposons à partager les moyens de subsistance et de prospérité: c'est l'ennemi, ainsi comme nous, du peuple voisin; celui qui ira au champ de bataille, tandis que nous continuerons à faire notre vie, parce qu'il est l'homme pauvre du pays: la «chaire à canon» des sacrifices religieux offerts à la divinité martiale de nos domaines et de notre «honneur» de suzerains agricoles, industriels et électoraux...

En se reservant le privilège et, pour ainsi dire, le sacerdoce de cette divinité rhétorique, les classes élevées exercent, avec leur culte rituel, la dictature de leurs intérêts d'individus, ou, plus fréquemment, de groupes économiques. Pour l'avenir, toute la portée de leurs prévisions et de leurs sentiments ne va pas au delà du souci d'assurer aux enfants la succession patrimoniale: zèle aveugle, dont les bouleversements de la société, les fluctuations économiques et le gas pillage des héritiers montrent la complète inutilité. La seule sécurité sérieuse à assûrer à la descendance, dans le sens familial, doit être recherchée par la constitution de sociétés où la vie trouve toutes les conditions de développement et d'ordre social, politique et économique, toutes les garanties de stabilité.

Et puisque cette notion archaïque du patriotisme ne répond à aucune réalité objective, elle n'est souvent qu'une expression sceptique de formalisme, ou bien une consciente ironie.

La forme sociale du patriotisme, avec l'intérêt énergique de sa réalité, la chaleur et la sève de sa circulation par les canaux de la vie ample et complexe de la société, la sympathie pour le voisin, le frère dans la famille légale, et l'associé, dans l'effort ; et, surtout, par ce sens de prévoyance qui fait ressentir la valeur de l'ordre politique et économique, de la paix, de la prospérité et de la justice, comme des garanties à la descendance, c'est une force de progrès, tandis que l'autre n'était qu'une ancre d'inertie.

LES CRISES SOCIALES ET ÉCONOMIQUES. LE CALCUL PERSONNEL ET LA PENSÉE ALTRUISTE.

Les nations primitives, formées par conquête ou par migration pacifique, avaient, lorsqu'elles s'installaient dans un territoire, les familles et les tribus fortement reliées par une étroite solidarité.

Dans le pays d'origine, la mémoire des luttes ancestrales contre la nature, contre les fauves et contre les voisins, avait sacré, en mythes et en légendes, les êtres supérieurs, protecteurs et directeurs des peuples dans les heures tragiques de danger et dans les bonnes heures d'espoir. La religion, locale, protectrice, offensive et défensive, était ainsi l'idéal suprême qui reliait les hommes dans la famille des âmes.

Voyageant, par suite, à travers bois et déserts, par les rivages des fleuves ou sur les plaines des steppes, refoulés de leurs huttes par une horde d'invasion, fuyant d'une contrée sous la pression d'un accident naturel, ce lien devenait toujours plus étroit. L'influence grandissante de la divinité, la langue, les mœurs, les premières notions de morale et de droit, tout cela résultant du caractère du pays natal et de la race, des hasards des luttes dans la terre d'origine et par les chemins d'exode, portaient d'autres forces d'attraction et d'harmonie. Une nation était, pendant l'enfance de l'humanité, un bloc typique d'individus, dirigés, disciplinés, confondus, dans une atmosphère de préjugés et de règles : les « tabous », les « manas », les « totems » etc. ; sur le terrain pratique d'une communion de besoins presque animaux.

Suivant l'impulsion de la nécessité de défense et de la protection mutuelle, les communes humaines se sont développées et élargies, petit à petit. Les nations fixées sur les territoires, se sont alors constituées ces grandes masses d'hommes qui ont pris, toujours sous l'impulsion de forces ethniques, religieuses, morales et économiques, excitées par le sentiment, plus résistant, de l'hostilité envers les autres peuples, le type durable et défini des nations d'aujourd'hui. Telle a été l'origine des nationalités, dans les continents des vieilles civilisations.

Parmi ces peuples, les uns sédentaires, les autres nomades, l'attraction des objects précieux, des épices, des bois, des métaux, des pierres et des minéraux, excitée par un ardent esprit d'aventure, trace, entre les communautés qui se développent et les côtes, les vallées forestières, les bassins lointains, les mines, les îles, les rivages des grands fleuves, celles de la Méditerranée et des mers intérieures de l'Europe et de l'Asie, les plages des océans qui entourent le triple continent primitif, les îles de l'Océan Indien, des mers malaises, polynésiennes et chinoises, ces routes qui, depuis les chemins grossiers des migrations jusqu'aux travaux de génie des Babyloniens, des Assyriens, des Grecs et des Romains, depuis les hardies traversées des malais et des polynésiens jusqu'aux entreprises navales des Égypciens, des Phéniciens, des Grecs et des Carthaginois, forment le réseau de rapports et de transports entre des peuples que le commerce commençait à peine à intéresser. De ces rapports, créés par ces lointains mouvements, ce qui reste dans la civilisation c'est son influence sur les mœurs plus stables et les institutions traditionnelles des pays.

La découverte de l'Amérique et de la route maritime des Indes, la successive révélation des terres de ces continents et de ces îles, les traversées et les trouvailles presque miraculeuses des grands navigateurs, ouvrent une ère nouvelle à la distribution des hommes sur la terre et à leur évolution. Les pays anciens étaient peuplés par des bandes à peu près solidaires, disciplinées, sous un lien étroit, ou sous une dure autorité politique. Pour les ambitions personnelles, il n'y avait que la petite satisfaction de mesquines portions de butin, dérobées à la surveillance du chef d'expédition, ou à celle de la commune. Pour ce qui est au commerce libre, il était si difficile, si encombré d'obstacles, si dangereux, qu'il semblait plutôt une sorte de brigandage contre le brigandage associé et organisé. Sous le coup de fouet des découvertes, les nouvelles régions ont connu la forme moderne de peuplement par occupation coloniale, en couches successives, isolées, sous un autre mobile. Pendant la période coloniale, les populations immigrées apportaient, dans la contrée où elles s'établissaient, avec le lien politique de fidélité à la couronne, le sentiment de tradition patriotique, l'identité de la langue et de la religion, presque toujours une nouvelle incitation, trés ardente : elles ne venaient pas pour ces pays, pourchassées par la persécution de nations rivales. Des aventuriers hardis, ambitieux, partaient, attirés par la séduction des richesses. Incultes, sans scrupules presque, ils fondèrent dans les pays occupés un ordre matériel fait de petites concessions d'équilibre et de conciliation d'intérêts. La colonisation des terres découvertes ne s'est pas faite sous la pression de l'ennemi et sous l'inspiration de l'appui mutuel et de la solidarité ; elle a été l'œuvre des ambitions personnelles, sous l'enchantement des Eldorados et des Ophyr, de fantastiques et inépuisables richesses. Les pays d'origine coloniale ont pour mobile psychique de formation l'avidité sans frein des aventuriers. Cette étape de l'évolution marque un degré saillant dans le processus de l'émancipation individuelle : celui de l'indépendance des ambitions.

Plus ou moins humains, plus ou moins moralisés, selon la civilisation et la couche de la société dont ils provenaient, selon l'époque où ils faisaient l'immigration, ces hommes ne regardaient pas leurs nouveaux pays avec les yeux mystiques des pèlerins, en marche vers la terre promise, pour une existence de paix patriarcale et de calme prospérité, mais avec des yeux brûlants du reflexe de l'image des mines, ardents d'avidité devant le mirage des forêts, riches en gibier et en épiceries exotiques, raffolant des fortunes en perspective. Des conflits et des rapports de ces aventuriers sont sorties les populations des pays de colonisation jusqu'à l'époque de leur indépendance. La même marche a été suivie dans ceux qui sont restés sous la domination des anciennes métropoles. Et si la douceur des mœurs a beaucoup changé la forme des rapports entre indigènes et colons, dans ces pays-là, et dans ceux que, de nos temps, sont soumis à la colonisation dite civilisée, le but presque exclusif de commerce et d'intense exploitation, en vue de l'enrichissement, qui est le mobile colonial, fait que les rapports des races sont toujours anormaux et que les indigènes étant écartés de leurs habitudes et de leur façon traditionnelle de vie, se trouvent dans l'alternative de la misère ou de l'asservissement s'ils se résignent à être inférieurs aux colons, ou de la révolte, s'ils arrivent à profiter de l'instruction théorique et pedantesque qui leur est donnée dans les écoles et les universités coloniales.

Quelques éléments de puissante influence morale exercent un certain pouvoir salutaire sur ces milieux desordonnés, en parant et en adoucissant de quelque façon les chocs continuels entre indigènes et colons : l'influence des puritains, au Nord de l'Amérique ; du catholicisme, des jésuites surtout, dans le sud ; des pasteurs protestants, un peu partout. Mais ces influences sont singulièrement faibles et éparpillées, pour une action efficace et durable.

Les peuples explorateurs se font une âme pratique, objective, réaliste, presque rampante ; les gens qui émigrent sont ceux qui se délient plus facilement des rapports moraux et affectifs, tandis que l'audace et l'ambition grandit en eux. La Phénicie, modèle du pays colonial dans le monde ancien, matérielle en tous ses mobiles, sans pouvoir d'idéalisation, sans noblesse éthique dans son culte et dans ses mœurs, produit Carthage, l'empire vorace et entreprenant, où une poignée de banquiers exploitait des foules d'esclaves, tarissant insouciamment les terres et écrasant brutalement l'étranger.

Dans les pays déjà plus avancés, où la société commençait à avoir une forme plus stable, l'individu, perçant l'écorce de la commune, avait établi dans la politique le régime de la hiérarchie et, dans l'économie, le régime du servage, plus ou moins ostensible, plus ou moins légal. La formation des noblesses d'origine militaire et d'origine économique remplit toute l'Histoire politique et sociale du monde, depuis l'âge de la vie communautaire. Des aristocraties qui montent et des aristocraties qui baissent, des aristocraties qui se succèdent, se remplacent, se retrécissent et s'élargissent, voilà l'éternel va-et-vient des fluctuations historiques jusqu'à l'eclosion de notre âge, c'est-à-dire, de cet âge où la liberté de pensée, assurée et animée par la presse, les grandes inventions industrielles, la vapeur et l'électricité, l'énorme développement des moyens de transport, de crédit, de commerce et d'exploitation de la terre, le développement et la vulgarisation de l'instruction, ont créé dans tous les pays une situation nouvelle, caractérisée par ces traits principaux: l'excitation des ambitions, dirigées par le même mobile de l'enrichissement, surtout dans les classes supérieures et dans les pays placés en position de suprématie; le développement parallèle, grâce à l'augmentation de la puissance du capital, de la classe, sinon tout-à-fait oisive, et elle l'est dans une proportion considérable, des rentiers et des brasseurs d'affaires.

Le commerce, toujours placé à la tête des mouvements économiques, grâce à ces profits plus séduisants et à la nature de son travail, crée, autour de son initiative un peu factice, un monde d'industries artificielles et d'affaires accessoires, d'instruments intermédiaires inutiles et nuisibles. Le développement considérable et la détestable direction de l'instruction déplace du travail et de la production pour les professions libérales et pour toutes ces occupations à peu près parasites, des foules chaque jour plus nombreuses.

La fortune à tout prix, voilà l'idéal placé devant tous les yeux ; ceux-là même qui produisent, dans les vieux comme dans les nouveaux pays, ne rêvent que de s'enrichir ; et, voici le monde qui, sous le moule nouveau du capital, de l'industrie et de la spéculation, recommence le vieux conflit de l'ambition et du travail.

Tout ce monde se place devant son semblable, devant la Terre et devant l'avenir, comme si l'appétit de chacun ne pouvait pas être limité et comme si toute l'étendue de la Terre n'avait d'autre destinée que de porter la charge de cette immense société, brillante et frivole, des grandes capitales et du grand monde. Le renchérissement de la vie devient un phénomène universel, étalant le désordre de ces sociétés où la vie est coûteuse et difficile pour tout le monde, tandis que ceux qui se croient instruits et ceux qui possèdent quelque chose se jugent en droit de ne pas produire et de tout exiger des autres et de la Terre. On dirait que, dans l'esprit de nos contemporains, l'exploitation des richesses, la mise en valeur des réserves de la Terre, se traduisent par la délapidation de tout ce qui existe encore, en produits désirables, sur l'écorce de notre planète. Et cette observation est tout-à-fait exacte, puisque, partout où la pression exceptionnelle des populations ne les retient pas sur les vieux terrains explorés, tout le monde abandonne, même dans les pays nouveaux, les vieilles terres, pour courir au défrichement et au déboisement des terres vierges.

Financiers et explorateurs se placent devant les richesses de la Terre comme si elles étaient le monopole de leur génération et de leur petit comité de privilégiés. Il faut exploiter les richesses, les mettre en valeur, pour le profit de l'humanité, voilà le mot d'ordre de ces armées de boursiers et de courtiers et de leurs collaborateurs. Personne ne considère, d'abord, que cette Terre que nous épuisons sans cesse, depuis presque une centaine de siècles, a plutôt besoin d'un travail de conservation et de réparation ; qu'il y a dejà assez de territoires, endommagés par notre avidité ; assez de climats altérés par notre insouciante destruction ; assez de phénomènes naturels : cours et régimes d'eau, productivité et fertilité des terrains, detruits par la main de l'homme ; des espèces animales et végétales précieuses, supprimées ou dégénérées.

Ces dégâts de la nature n'ont pas encore trouvé des financiers philanthropes, disposés à tenter l'œuvre bienfaisante de la régénération de la planète. Il faut s'enrichir, il faut enrichir les associés, il faut promettre et même, souvent, donner, de gros dividendes à des miliers de capitalistes ; donc il faut exploiter toujours.

Pendant ce temps, l'homme du monde est, au milieu de la soi disant supposée civilisation matérielle qui l'entoure, un animal décrassé et embelli, exploitant à son profit et sous l'inspiration de son caprice, sous des formes polies, avec un semblant d'égard pour la misère, manifestée dans la charité (forme directe de guérir le mal social, dont l'effet principal est d'en faire oublier les causes) le gros de l'humanité, composée de la même foule, à peu près abandonnée, déguénillée, presque animale dans une immense partie du globe, assoupie et lentement éliminée, dans les autres, à peine nourrie et trompée avec des droits nominaux et une instruction superficielle, presque toujours nuisible, dans les foules des campagnes et des villes du monde civilisé.

Notre présomptueuse civilisation est une civilisation qui n'a guère d'égards pour l'homme, et n'en a pas, du tout, pour la Terre. Son progrés matériel est fait des avancements de notre avidité sur l'avenir. Son progrés social n'est qu'un progrés de forme, où les sélections s'opèrent obéissant à des forces artificielles où prépondèrent les institutions du passé, des traditions, des éléments héréditaires de fortune, de nom de famille, de position, des accidents éventuels. Faite d'après ces modèles et ce *critérium*, le talent, la capacité et le caractère ne sont pas des avantages, ne prédisposant qu'à la défaite, devant la subalternité, l'hypocrisie, tout cet ensemble de conditions d'impersonnalisme, de manque d'idées et de sentiments, qui font l'essence de l'habilité, la clef du succès, dans la concurrence de nos jours.

A la constatation de cette vérité, on réplique que tout cela est naturel, qu'il ne faut y voir que le fonctionnement spontané des phénomènes sociaux et économiques : ce qui est un absolu mensonge. On n'arrive pas même à comprendre la facilité avec laquelle les gens de pensée, qui sont les premiers usurpés par cette politique des « gens pratiques », de ceux qui n'agissent dans la vie que sous l'impulsion de leurs intérêts personnels et de ceux de leurs clients, se soumettent à cette aveugle acceptation de la dictature de l'incompétence et de l'appétit. En vérité, les prétendus mouvements spontanés de la société ne sont autre chose que l'action d'impulsions et d'intérêts personnels. Si ces intérêts étaient absolument libres, ce serait le cas de se demander si ce n'est pas justement pour défendre chacun de nous, la vérité et l'avenir, de notre action et de celle des autres, agissant sur notre patrimoine comme des sauvages ou comme des bêtes, qu'il y a des gouvernements, des savants, des directeurs d'opinion. Mais la vérité c'est que les intérêts personnels de tout le monde ne sont pas du tout libres et qu'ils sont réglés par une sorte de hiérarchie des préjugés et des ambitions, artificielle et injuste, et, bien plus encore, par l'action de ces éléments supérieurs de la vie économique des sociétés qui donnent les modèles, les exemples et la direction à la vie contemporaine, qui dirigent et contrôlent le courant des affaires, qui font le progrès et la ruine des pays et des contrées, la hausse et la baisse des valeurs, l'échange et le crédit. Le monde est, de fait, gouverné par la finance ; et la finance est, aujourd'hui, par force du trouble économique des sociétés, gouvernée par l'esprit de spéculation. Un régime économique où ni l'intérêt de l'homme et de la société, ni celui de la Terre, du travail et de la consommation, ne sont pas les objects directs, les buts principaux des pensées et des affaires, est un régime détourné de tout essor spontané et de toute suite naturelle.

C'est pourtant celle-là la force qui gouverne le monde. Le commerce, l'industrie, l'agriculture, sont des forces civilisatrices; en vérité, tout ceux qui s'occupent d'affaires se croient des agents civilisateurs, parce qu'ils croient faire du commerce; ces instruments, dans leur fontionnement normal, sont des éléments essentiellement pacifiques: et les gens d'affaires eux-mêmes sont partisans de la paix et se jugent sincèrement menacés par tout danger de guerre. Seulement, toute leur action étant contraire à l'équilibre des forces économiques et au fonctionnement harmonique de la société par l'organisation du travail, par le développement de la production et par la distribution des choses qui intéressent la vie et la santé des peuples, leur action est une préparation continuelle de conflits, une éternelle gestation de guerres. Les luttes internationales contemporaines tournent autour de ces intérêts et de ces ambitions exagérées, outrancées, inopportunes.

Le commerce étant le propulseur de la vie économique, les conflits ordinaires de ses facteurs artificiels produisent des conséquences néfastes dans les rapports des races entre elles et des nationalités fortes et avancées avec les jeunes nationalités et les nationalités en retard, le *critèrium* de la race ne pouvant justifier les prétendus droits de protectorat, de tutelle, d'éviction et d'expropriation que s'arrogent les pays avancés, encore moins justifiés par la supériorité eventuelle de ces nationalités, résultat d'une sélection historique faite par suite de facteurs et de pouvoirs aussi artificiels que ceux qui sélectionnent les individus.

La seule suprématie de ce but commercial, presque exclusif, dans les rapports des peuples avancés avec les jeunes peuples et les peuples en retard, suffit pour montrer la nullité du titre principal de leur prétention à la direction : le titre de supériorité morale. Le commerce n'est pas en lui même un agent moralisateur ; on connait assez l'histoire des abus des entreprises de commerce colonial et des artifices employés dans le commerce au bénéfice d'individus, de classes, de villes et de pays, contre des intérêts bien plus considérables, pour reconnaitre l'immoralité foncière de la pratique usuelle de cet instrument de progrès.

Le commerce, comme toute institution humaine, prend la nature du mobile psychique qui l'anime. Sa normalité vraiment naturelle consisterait à faire opérer entre les hommes et les sociétés les mouvements d'échange nécessaires aux besoins de la vie, qui, étant le phénomène même de notre existence, est la première raison d'être de tout ce qui nous faisons. Mais la vie est l'une des choses dont le commerce s'occupe le moins, et seulement comme application de son activité, non pas comme but. Les denrées alimentaires ou l'alcool, les vêtements ou l'opium, les instruments de travail ou le luxe, tout cela est du commerce et du bon commerce.

Les hommes de pensée n'ont pas encore bien saisi ce fait que l'humanité a été toujours gouvernée effectivement par l'esprit et par la volonté de ceux qui se sont emparés des moyens de puissance. Cet exercice de la puissance est la vérité la plus positive de l'Histoire. Ceux qui la nient, sous la supposition d'une impulsion mécanique dirigeant le monde organisé, commettent la faute d'attribuer aux développements de l'existence une réalité étrangère à sa réalité psychique, une vie indépendante de la vie mentale, qui serait, alors, une superfétation encadrée dans l'être humain, sans coordination et sans fonction. Ceux qui attribuent à la puissance une influence inévitable sur nos destinées, oublient, de leur côté, que la puissance n'est que le moyen d'accomplir l'existence et que l' abus et les écarts de ce moyen n'ont été que les signes d'une phase de l'évolution individuelle et sociale où ni l'homme ni la société n'étaient arrivés à la conscience des moyens positifs d'adaptation.

Toujours gouvernée par les intelligences et par les volontés, la société se dégage lentement de ses entraves ; mais elle n'a vu d'abord que les liens politiques de domination ; et, ensuite, elle s'est trompée de but ; et, prenant le symbole pour la réalité, elle s'est attaquée aux gouvernements et à l'idée du pouvoir.

De cette réaction, d'un caractère essentiellement politique, est résultée la tendance à l'affaiblissement du pouvoir gouvernemental, d'un côté, ce qui n'est pas la solution à atteindre, et le développement d'autres pouvoirs sociaux et personnels, dotés de tous ces instruments de privilège, de pression, de monopole, de préférence, d'influence, résultants des causes traditionnelles, des modéles et des étalons de valeur en estime.

Les gouvernements ont été déchus de leur autorité discrétionnaire ; et s'il faut vraiment s'en réjouir, il reste encore à examiner si cette décadence du pouvoir des corps politiques et des administrations, n'aura fait autre chose que d'agrandir le nombre des oppresseurs, dévenus peut-être d'un poids plus lourd. Même si l'on admet, ce qui semble probable, un grand progrès dans l'usage du pouvoir, il est assurément vrai que la conquête de la liberté par le développement de l'individu et par la limitation de l'Etat n'a fait autre chose que fortifier l'autre force de direction et de gouvernement : celle des puissances personnelles ; et cette force n'est ni plus légitime ni moins dangereuse que l'autre.

Ce n'est donc pas la force ni le prestige des gouvernements qu'il faudrait avoir attaqué ; ce n'est pas encore par des systèmes socialistes, ni par l'adoption de ces mesures directes que les gouvernements contemporains emploient pour combattre les maux sociaux, cherchant la guérison des symptomes et des accidents immédiats, moyens d'éteindre ou d'amortir les souffrances vi ibles qui ne font qu'en ajourner les crises, tout en cachant les problèmes véritables et ses causes profondes, mais par l'action rationnelle de la loi et du pouvoir au service de la pensée et de l'expérience, dans le contrôle, la fiscalisation et la police des activités individuelles.

De cet affaiblissement, de ce fractionnement du pouvoir, et de ce développement de la puissance individuelle, il n'est resté dans les sociétés qu'un ét it d'anarchie, les débuts de cette anarchie rêvée par quelques disciples de Nietzsche, mais qui ne leur laissera pas même l'ombre d'un enthousiasme, tellement aura sombré, dans ces sociétés banales, l'utopie séductrice de leur idéal esthétique. Un état d'anarchie où la puissance tomberait entre les mains de boursiers et d'agents d'affaires n'est pas fait pour satisfaire le rêve dyonisien et appolinien des philosophes et des esthètes de la force et de la beauté.

Mais ce qui frappe surtout dans le spectacle de la société contemporaine, et c'est là que se trouve le noyau même de notre probléme, c'est que ni l'affaiblissement théorique des gouvernements ni le développement de l'individualisme n'expriment un avancement de la pensée, un progrès du pouvoir des intelligences sur les volontés et sur les actions. La pensée et le savoir humains n'ont progressé que comme instruments des désirs, comme moyens de satisfaction immédiate des besoins. Dans cette société, où les inventions les plus inattendues se multiplient, où toute une foule de savants, d'inventeurs, d'hommes de lettres, se mettent à la recherche des moyens d'accomplir les ambitions les plus hardies et les caprices les plus raffinés des gens du monde, la marche de la pensée dans le sens de la direction sociale est presque nulle.

L'esprit et la pensée sont des choses secondaires, subordonnées, accessoires, dans cette vie moderne, faite d'agitation et d'ambition. Les hommes qui savent et qui pensent n'occupent, devant les vrais directeurs de nos destinées, qu'une position subalterne: ce n'est pas d'eux que vient l'initiative et le contrôle des actes qui disposent de la vie et du sort des sociétés. Ils ne font que suppléer des moyens, des renseignements et des conseils aux manipulateurs des affaires et de la politique.

L'impuissance sociale des gens qui pensent leur a donné la conviction de l'inefficacité pratique de leurs efforts. De l'insuccès de quelques courageuses tentatives vient, en grande partie, la résignation des penseurs à ce rôle d'art et de spéculation où ils se cantonnent. L'autre cause vient du caractère théorique et systématique de la pensée classique, transportée dans la pensée moderne. L'échouement des vieux rêves et des vieilles constructions ne fait que décourager les esprits, qui ne s'attendent pas à d'autres formes de solutions que celles des théories et des systèmes préconçus.

Trop faibles pour s'imposer à la société des gens d'affaires et des politiciens, les hommes de pensée craignent la lutte qu'il faudrait entreprendre pour s'emparer des positions et de la puissance et ne redoutent pas moins le jugement de ces souverains de la médiocrité sur leurs idées et même sur leurs destinées.

Les faits de la vie sociale sont ainsi des faits de volonté et d'énergie sans direction intellectuelle.

De leur servitude directe à l'autorité de leurs chefs, mentalement inférieurs; de la servitude abstraite au courant des idées et des intérêts dominants; de leur consciente incapacité de résolution et d'action, résultent cette science et cette pensée encore si vacillantes, portées par quelques esprits, sous la suggestion de l'ambition et de la spéculation, aux hardiesses les plus outrées, mais dont les principes fondamentaux oscillent, se déplacent et se remplacent à chaque moment et les conclusions apparemment plus solides ne durent pas l'âge d'une génération.

Les découvertes inébranlables de la pensée humaine sont des découvertes abstraites ; leur application à la vie se traduit en des problèmes si graves comme si ces lois n'existaient pas, étant toutes insuffisantes à expliquer isolément un seul phénomène et à produire un effet intéressant la vie et l'action. Ce qui est pratique, n'ayant été suggéré que pour satisfaire des intérêts immédiats des classes supérieures, est inutile ou nuisible par étroitesse de son effet et par défaut d'une étude comparative de cet effet avec d'autres aspects du problème et d'autres faits de la vie et de la société.

Il faut que la pensée prenne la direction de la société. Si l'état de la société le demande, l'insuffisance même de son œuvre ne fait qu'en donner la preuve. Dans le développement de l'évolution de l'espèce, il est temps de comprendre le principe tout simple de différentiation qui marque sa place à chaque instrument, à chaque organe, à chaque pièce de la grande vie mondiale. Tout organe est fait pour fonctionner ; tout sentiment et toute pensée sont faits pour être transformés en actes. Les créations d'art et la spéculation métaphysique même y aboutissent indirectement. C'est la stérilité forcée de la pensée qui en explique les avortements. Le manque de solutions préétablies n'est pas une raison pour permettre à la société de vivre en état d'aliénation mentale. Si les systèmes tout faits n'ont pas réussi c'est que la vie n'est pas susceptible d'être soumise à des systèmes. Ce n'est pas proprement pour l'ordonner, pour la gouverner, pour lui imposer des règles et des prescriptions, qu'il faut mettre la pensée dans la direction sociale : c'est, tout au contraire, pour réagir contre cette foule de règles, de prescriptions, de contraintes, qui vivent en suspens dans l'air de nos sociétés ; pour détruire les entraves artificielles et les empiètements d'intérêts sur des intérêts, de besoins sur des besoins ; pour défendre l'individu, la société, la Terre et l'avenir, de l'oppression et de l'anarchie créées par la somme des activités hétérogènes des appétits et des ambitions.

La pensée qu'il faut mettre dans la direction des affaires pratiques n'est pas cette pensée latérale des spécialistes ni la pensée encombrante des savants de profession, renfermés les premiers entre les murs de leurs connaissances, paralysés, les autres, par l'outillage et le mécanisme rigide de leurs principes, de leurs conceptions et de leurs doctrines: c'est la pensée dont la préparation et la culture consistent dans le développement le plus vaste et le plus profond du pouvoir d'examen et de raisonnement, dans la plus grande aptitude à l'élargissement du coup d'œil, dans une habitude très exercée d'analyse et de synthèse: une pensée large et illuminée plutôt que riche et pleine.

L'ensemble et l'étendue de cette pensée trouverait son expression complète dans une Philosophie pratique des choses, des faits et de la vie, et dans une Politique de l'expérience. Cette Philosophie tendrait à faire voir la vie et ses mutations, la société et ses mouvements, comme un éternel processus évolutif que l'on ne pourrait jamais interpréter par des règles ni englober en système, mais dont on suivrait les transformations et les progrès afin de leur permettre la libre succession sur la Terre avec tous les éléments d'assimilation intimement et foncièrement libres, au milieu de l'évolution des autres êtres.

La politique, tout en plaçant la pensée dans cette attitude de surveillance et d'examen, serait l'action permanente de cette Philosophie pratique.

Les opérations de cette science et de cette technique d'ensemble se résumeraient dans ce problème de toutes les heures: comprendre la méthode d'action des phénomènes pour suivre le dédoublement des anneaux et des tours de nos vies sur le canevas de la société. Ce dédoublement s'est réalisé, avec des crises, mais sans cassures, pendant des siècles d'agitations, d'une existence de révolutions, dans chaque personne et dans chaque société... Il ne doit pas être donc bien difficile à comprendre.

Philosophie et politique se condenseraient dans un opportunisme placé entre l'expérience et l'idéal.

Nous sommes trop fiers de notre civilisation. En fait, il serait inexact de dire que l'homme a fait de véritables progrès d'ensemble, dans la connaissance et dans la pratique des moyens de son adaptation au milieu. Dans un bilan de ce que nous avons fait sur la Terre, nos œuvres ne rachèteraient pas le compte de nos destructions. La société n'a que quelques dizaines de siècles de vie et ce qu'elle a détruit, des richesses créées pendant les âges de formation de notre globe, est épouvantable. Tout ce qu'il y a de bâti sur la surface de la planète n'est rien devant l'énormité de ses ruines.

Pour ce qui est de nos rapports d'homme à homme et des rapports entre les sociétés, il est à remarquer le progrès de l'adoucissement des mœurs, plus d'humanité, un évident développement de nos instincts de solidarité et d'entr'aide. Notre nature est tellement bonne, nos sentiments sont si spontanément enclins à l'amour, que malgré les obstacles offerts à notre inexpérience et les embarras que nous nous créons de nos propres mains, à cause de notre savoir tout fait de conventions et de préjugés, l'homme a fondé une société où les rapports habituels sont empreints d'un esprit de sociabilité et maintenus dans un but de solidarité.

Il ne s'agit ici que d'un progrès du sentiment ; et le sentiment, ne s'appliquant pas, en général, qu'à des choses prochaines, directes, immédiates, se trompe presque toujours sur la valeur des biens et des maux de notre vie et sur leurs causes. Il n'atteint pas les sources lointaines des faits de la vie et il complique souvent les événements, dans son empressement à secourir les manifestations apparentes de nos malheurs.

Le sentiment est distrait ou aveugle devant les grands problèmes humains, déroulés lentement dans le temps et dans l'espace. Il faut que la pensée s'y mêle, qu'une perception plus profonde s'en serve comme d'un instrument, pour que l'intérêt altruiste s'élève des petits faits contemporains de la vie, des signes apparents de nos faiblesses, de nos luttes, de nos malheurs. L'intelligence appliquée aux choses pratiques est trop attachée encore à ces manifestations superficielles de nos crises : c'est la science des médecins, des moralistes, des juges et des avocats, la pitié des prêtres, allant droit à l'individu, toujours fixée sur les détails. La technique des applications et des inventions a toujours un but commercial et le mobile altruiste par suite devient secondaire, lorsqu'il existe.

L'asservissement de l'esprit à la civilisation matérielle a été porté si loin que la propre pensée spéculative et la pensée d'art sont subordonnées à l'industrie de la publicité. L'éditeur et le public commandent souvent aux penseurs et presque toujours à la pensée ; la démocratie et les affaires de presse, arbitres des sélections intellectuelles: voilà l'état de l'autorité de l'esprit.

Entre la vie industrielle, si intense, et l'ordre moral et politique des sociétés, il y a un vide énorme. La disproportion entre le succès des sciences techniques et celui des sciences de l'homme et de la société est telle que l'intérêt des gens pratiques, d'un côté, et la timidité des hommes de pensée, de l'autre, a fait reléguer les dernières parmi les abstractions doctrinaires et l'idéologie. Et pourtant rien qu'à une seule de ces sciences, et la plus empirique de toutes : le Droit, la civilisation est redevable de ce grand service : l'ordre matériel de nos sociétés.

C'est cela qui explique l'insouciance des gouvernements et des peuples, devant les avis et les exhortations des compétents. Un peu hésitantes ; encore confondues, dans les journaux, dans les revues et dans la tradition, avec les suggestions du bon sens et du sens commun, ces vérités vivent de la vie factice des concepts, que l'on est libre d'appliquer ou de rejetter. Tout le monde est critique et juge, dans les sujets de la société et de la politique ; et c'est toujours le plus aisément du monde que le premier venu élève sa voix pour discuter avec l'homme de savoir.

Le manque de pensée, dans la direction des sociétés, les a portées aux extrêmes d'une crise dont on ne sortira pas par la seule action des forces sociales tenues pour spontanées, sans de graves secousses dans la politique des nations et dans leurs rapports internationaux. La politique est en général au dessous des problèmes et des besoins actuels des nations; et la politique internationale, avec ses instruments imparfaits de rapports diplomatiques, est absolument impuissante à contenir et contrôler les nouveaux courants de la vie. L'ordre qui nous entoure, bâti sur une expérience dépassée et sur des théories préconçues, n'assûre ni la paix ni le développement des sociétés, où l'étendue et le caractère théorique de l'instruction et le développement des moyens d'exploitation industrielle et de commerce ont tellement multiplié les ambitions et déséquilibré les facteurs économiques, que la lutte entre ces foules ambitieuses, en quête de moyens d'enrichissement rapide, atténuée jusqu'à présent par l'insouciante mise en valeur des richesses, mais visible et grandissante dans les rivalités des puissances sur les territoires des sauvages et des barbares et dans les pays nouveaux, menace de prendre un aspect de gravité, inconnu de l'Histoire. La dissolution de l'Empire Romain, englouti, avec la puissance de son peuple et sa production, par l'accaparement des terres et des richesses dans les mains de l'ordre équestre, de l'ordre sénatorial et des «curiales», ces aristocraties aussi oisives que rapaces, et la progressive monopolisation des terres et des richesses en Europe, jusqu'au bout du XVIIIe siècle, avec son effrayant spectacle de ruines, de famine, de crimes et de misère, ne donnent que l'esquisse, en miniature, des résultats de notre civilisation, conduite par l'ambition des candidats à milliardaires, ou par les rêves, plus modestes, du gros lot, attrappé dans les affaires. L'âge des grandes manufactures, des industries colossales, des accaparements, des monopoles, des «trusts», tuant la valeur et la capacité de l'individu, dans la marée des masses, de la médiocrité, de la vulgarité ; asservissant les peuples aux rois des finances, des affaires et des privilèges, aboutira à l'absorption de la vie sociale par la cabale des audacieux, au Bas Empire de l'avidité, ou à la révolution universelle. Toute la vie contemporaine s'agite autour du capital et de l'ambition. Ces deux éléments n'assurent à l'avenir la moindre garantie d'ordre et de progrès. Il faut rendre au travail la suprématie dans la hiérarchie des valeurs économiques; il faut que la pensée contrôle les conflits d'intérêts entre les ambitieux instruits et forts à la lutte, appuyés sur le capital et sur la puissance politique, et les gens qui viennent à peine d'entrer dans le monde de la concurrence.

Cette crise porte en elle même l'indication de sa solution : le développement des ambitions et des capacités étant démésuré, la concurrence se montrera tellement dure et aigüe entre les classes supérieures, que l'absurde de cette bousculade d'avidités contre la Terre, de cette lutte d'ambitions les unes contre les autres, et de tout ce monde contre les foules plus faibles et moins préparées, sautera aux yeux. Sous les mobiles de l'ambition et du capital, tant que la Terre offrira des richesses nouvelles, ce fourmillement de pionniers et de brasseurs d'affaires peut, pourtant, s'étendre et se multiplier, la crise venant à se prononcer lorsqu'il ne sera plus temps de l'arrêter. Le monde prolongera alors, pour quelques années, son vieux roman, avec ses nouveaux seigneurs domaniaux et, grâce à la fortune mobile, ses galants chevaliers de bourse, se succédant, dans la direction de la société.

Ce sera le retour à la barbarie, avec des instruments plus perfectionnés de guerre et des moyens plus puissants d'épuisement de la Terre et d'exploitation du semblable. L'état permanent de guerre entrainera l'état permanent de révolution, la lutte entre les nations ayant la même origine et la même nature de la lutte entre les classes et la vie sociale l'emportant sur la vie politique, dans l'intérieur des pays et dans les rapports internationaux.

Pour que cette idée-force dont nous venons de parler comme moyen de solution, soit utile, active et efficace, il faut qu'elle devienne le programme d'une politique, vu que le développement même des professions intermédiaires, du parasitisme, de l'exploitation de la terre, sous l'aiguillon de l'ambition et du commerce, sous celui du commerce même et non pas sous celui des besoins des populations et de l'intérêt de la vie, tend à sémer la guerre et la révolution, faisant rétrograder le genre humain.

Le retour au travail et à la terre, le vieux conseil des physiocrates, est l'article premier de ce programme politique; mais cette politique demande une force supérieure à celle des gouvernements nationaux.

L'Humanité a le devoir de sauvegarder les richesses inexplorées de la Terre, réserves destinées à la jouissance des générations à venir et de défendre celles qui sont en exploitation contre l'exploitation imprévoyante et ambitieuse; de garder et développer la civilisation; de contrôler le développement des races et des types nationaux, dans le sens de la meilleure adaptation aux milieux. Pour ce travail conservateur et progressif, pour cette politique cosmique, eugénique et sociale, il faut qu'elle s'organise, sans réaction contre les institutions du passé et contre les traditions, mais sans permettre également qu'elles entravent les progrès individuels et nationaux, résultants des aptitudes naturelles.

L'idéal à suivre dans la poursuite de ce but ne peut être celui d'aucun des systèmes préconçus par les philosophes et les économistes: il se résume dans l'idée de remplacer l'ambition par la volonté d'efficience et de production, mobile réel de notre vie, et de mettre à la place du désir du bien-être par la fortune, la certitude du bien-être par la sécurité de l'homme et le succès de ses capacités et de ses forces dans l'effort sur le milieu.

Et, de même que cette politique ne demande pas la rénonciation des biens personnels et des droits acquis, elle n'entraîne pas des restrictions à la souveraineté des états. La compétence des pouvoirs mondiaux, chargés du contrôle des nouveaux problèmes humains, ne doit pas toucher aux facultés actuelles des nations.

LE RÔLE INTERNATIONAL DE L'AMÉRIQUE ET LA DOCTRINE DE MONROE

Sous prétexte de discuter la « doctrine de Monroe » on a donné cours aux interprétations les plus obscures et les plus ambigües. Les conditions politiques de notre continent et de la civilisation mondiale sont si différentes de celles de 1823 qu'il serait presque absurde de voir les peuples américains renouveler la déclaration de leur indépendance, de l'inviolabilité de leur territoire et de l'égalité des droits de leurs pouvoirs à ceux des souverainetés européennes, tel qu'il était dit dans le célèbre message du président Monroe.

La situation juridique des nations américaines est définitivement consacrée ; et, dans les conditions actuelles de notre continent et du monde, aucune nation européenne n'aurait l'idée de nourrir sur le territoire de l'Amérique les prétentions qui les animaient pendant la formation des nationalités américaines et qu'elles appliquent encore aux territoires sauvages et barbares du continent africain.

A l'époque de la doctrine de Monroe, on pouvait distinguer, au premier plan de la politique mondiale, les grands traits suivants de l'évolution ; l'expansion des idées de la Révolution Française, combattues par la Sainte Alliance ; l'émancipation des colonies européennes de l'Amérique ; l'équilibre européen, comme forme de balancement des forces entre les nations d'esprit traditionaliste ; le commencement des immigrations pacifiques dans les pays nouveaux de l'Amérique ; l'ouverture du libre trafic des nations commerciales de l'Europe avec les anciennes colonies, jusqu'alors inféodées au monopole des métropoles; l'influence de l'individualisme et du libéralisme économique d'Adam Smith et de Ricardo; le développement des instruments de crédit et de commerce et celui des moyens de transport, grâce à la vapeur, dans la navigation et les chemins de fer.

Ce sont ces facteurs qui, agissant sur l'esprit de Canning, de Monroe, de Jefferson, de John Quincy Adams et de Calhoun, inspirèrent les déclarations qui renferment la pensée et l'attitude de l'Angleterre vis-à-vis de la récente émancipation des peuples sud-américains, et celle des États-Unis, vis-à-vis de ce mouvement politique, des prétentions coloniales des grandes puissances sus les territoires de ces pays-là et de la Russie sur les territoires limitrophes aux États-Unis.

Il faut avoir en vue tous ses éléments pour avoir la juste compréhension des principes formulés par le Président Monroe.

Ayant compris la délicate situation créée par l'alliance avec la France pendant la guerre de l'Indépendance, et par la ressemblance des institutions des États-Unis avec les doctrines de la Révolution Française, les hommes d'État américains, bien des années auparavant, avaient senti la nécessité de définir leur attitude en face des luttes politiques et du changement des formes de gouvernement en Europe et de préparer leur pays pour se défendre de la réaction que les partis absolutistes opposaient au développement de l'esprit de liberté et des institutions démocratiques. En face de l'alliance des monarchies européennes contre l'essor révolutionnaire de la France et, plus tard, contre la révolution espagnole, les hommes d'État américains ont du examiner l'étendue de leurs engagements avec la pensée libérale, la portée de leurs actes; les dangers qui pourraient menacer la prospère République, par suite de la crainte de son exemple aux partis avancés et de sa solidarité avec les essais de transformation politique en Europe. Ces événements ayant inspiré à quelques esprits l'idée de placer les États-Unis à l'avant-garde du progrès libéral, ont inspiré à Washington le sage conseil de son « Farewell Address », où, en réaffirmant emphatiquement l'indépendance absolue des États-Unis, il suppliait ses compatriotes d'éviter toute intervention dans la politique européenne et de repousser toute proposition d'alliance et d'accord avec les pays des vieux continents, le conseil n'empêcha pas moins d'autres explosions du libéralisme américain à l'occasion de l'indépendance de la Grèce et de la tentative de Kossuth pour l'émancipation hongroise.

Certes, lorsque le Président Monroe rédigea son célèbre message, ce facteur, de caractère politique, était au second plan ; mais, si l'on considère que l'initiative de l'idée n'appartient pas aux États-Unis, mais à l'Angleterre, où elle a été exposée par Canning, qui, justement à cette époque, soutenait contre l'Autriche, la Prusse et la Russie la politique de résistance à l'intervention des puissances monarchiques pour soutenir le principe de légitimité, dans les pays révolutionnés ; intervention effectuée exactement alors en Espagne en faveur des Bourbons ; il faut reconnaitre que la déclaration des deux gouvernements pour l'indépendance des Républiques sud-américaines d'origine latine exprimait la pensée de l'opinion libérale contre l'opinion réactionnaire. Il est vrai que l'Angleterre voyait aussi dans l'indépendance des Républiques sud-américaines l'ouverture de nouveaux *débouchés* à son commerce maritime ; mais, cette raison n'était pas prédominante : d'abord parce que, d'après la tradition de sa politique, les intérêts matériels de l'Angleterre s'harmonisaient avec son libéralisme, et ensuite parce que la menace à l'indépendance des Républiques sud-américaines ne partait plus de l'Espagne, mais de l'ambition qui pourrait surgir dans l'esprit des grandes puissances, directrices de l'équilibre européen, et qui faisaient justement l'intervention dans la politique continentale de l'Espagne. De la part de ces puissances elle aurait pu espérer une politique de porte ouverte dans les colonies.

La déclaration de Canning sur l'indépendance des anciennes colonies espagnoles était un complément de la politique que l'Angleterre faisait en Europe. Considérant libres les nouvelles nationalités, l'Angleterre appliquait à leur existence internationale le même principe de non intervention qu'elle pratiquait par rapport à la politique de l'ancienne métropole. C'était au fond la même idée de respect à la volonté populaire et au gouvernement représentatif qu'elle a fait reconnaître par le traité conclu à Chaumont en 1814, et pour laquelle elle s'est battue, au cours de la formation des nouvelles nationalités, après l'Empire Napoléonien, à travers les violences de la Sante Alliance en Espagne, en Italie et en Grèce.

Quant aux États-Unis, si cette pensée politique ne répondait pas explicitement à la parole de Monroe, il suffit de remarquer que cet homme d'État appartenait au parti démocrate, représentant, pendant la longue période de la formation constitutionnelle de la grande république, d'un programme avancé, inspiré dans les idées de Jefferson, adepte fervent des principes de la Révolution Française, pour reconnaître que cette idée était comprise dans la thèse de l'homme d'État américain.

Les États-Unis et l'Angleterre ont assumé, alors, la position qui devait les placer en modèles des deux types du gouvernement représentatif au XIXe siècle: la monarchie constitutionnelle et la république fédérative; leur action internationale était profondément empreinte de cet esprit de liberté politique, révélé en d'innombrables documents diplomatiques et exprimé en plus d'un traité.

La doctrine de Monroe procède ainsi, dans la généalogie des idées politiques, du même principe de liberté que les anglo-saxons appliquaient à leurs institutions internes, que la philosophie politique du XVIIIe siècle a défini, notamment dans l'œuvre de Montesquieu, que la Révolution Française formula en principes législatifs et que les deux pays de race anglo-saxonne ont propagé, l'un dans le vieux monde et l'autre en Amérique, dans les institutions aujourd'hui dominantes.

Au point de vue commercial, l'Angleterre, maitresse des mers, et les États-Unis, sachant bien les grands éléments de prospérité industrielle dont ils disposaient, ont vu que l'inviolabilité du territoire américain était la condition de leur développement économique, dans ce monde ouvert à l'initiative de leurs industries et de leurs capitaux. Dans ce terrain encore, l'instinct du peuple britannique lui apprenait que le pouvoir de sa marine marchande assûrait sa prépondérance dans le régime de liberté commerciale. Combattre le pouvoir colonial étranger, c'était fortifier son pouvoir mercantile. L'Angleterre a été aussi, au commencement du XIXe siècle, l'initiatrice de cette nouvelle forme de rapports commerciaux qui a supprimé les entreprises de caractère plus ou moins officiel, diminué progressivement le pouvoir des « chartered companies », des « guilds » et des associations de navigation et de commerce, décentralisant et individualisant ainsi les instruments du commerce extérieur. On doit à ce mouvement le souffle puissant qui anima les initiatives et transforma en réalité le libre exercice du commerce maritime que les navigateurs des villes libres de la mer du Nord et de la Méditerranée avaient fondé, avec la tolérance, ou la protection intéressée, des gouvernements. C'était le commencement de cette société internationale de commerçants et d'industriels qui tend à supprimer du terrain des intérêts mercantiles l'esprit de nationalité. De ce phénomène sont nés la tendance au cosmopolitisme et à la neutralité, non pas politiques, mais économiques, du commerce. Les établissements coloniaux de l'Espagne en Amérique et l'occupation éventuelle de territoires par d'autres puissances, étaient des restrictions à leur expansion économique, que les États-Unis et l'Angleterre ne pouvaient pas souffrir.

D'un autre côté, la colonisation prenait, avec l'indépendance américaine, un aspect tout à fait nouveau.

L'idée de colonisation était jusqu'alors liée aux idées d'invasion et d'occupation territoriale. Coloniser signifiait, dans le langage économique et politique des peuples européens, peupler par l'initiative des métropoles.

Avec l'indépendance des États-Unis et des Républiques sud-américaines, deux faits importants devront être signalés : le développement de l'émigration spontanée et l'existence de territoires dépeuplés, enclavés dans les territoires des anciennes colonies. Rien de plus naturel que de voir reparaitre, dans la politique internationale, étant donnée la faiblesse des naissantes Républiques, la convoitise des nations militaristes.

C'était une difficulté pour les États-Unis dans leurs relations avec la Russie, l'Angleterre, l'Espagne et la France. Malgré toute la vigueur de son développement l'éventualité d'une pensée ambitieuse dans l'avenir, n'était pas chose à mépriser entièrement ; elle s'annonçait même pratiquement, en conflits de frontières, pendant la présidence de Monroe, avec l'Angleterre et la Russie. C'était pourtant acte habile que de profiter du moment où les grandes puissances européennes se débattaient dans les crises de la reconstitution des nationalités et de la restauration de la légitimité, en même temps que de nouvelles Républiques surgissaient en Amérique, ayant des intérêts identiques.

Le moment était vraiment aisé pour placer la pierre angulaire d'une politique qui devait défendre l'intégrité nationale et donner un point d'appui au développement de l'influence et, éventuellement, de l'expansion du pays.

Le message du Président Monroe contenait deux affirmations différentes : la première opposait à l'intervention et à la conquête, le principe de la souveraineté des nouvelles nationalités ; l'autre, plus expressive dans sa portée, opposait au droit d'occupation, le principe d'intégrité, non pas, precisément, des territoires nationaux, mais du territoire américain. Pour les Américains contemporains de Monroe, l'Amérique était une sorte d'entité politique, contenant un certain nombre de souverainetés et un territoire placé à l'abri des ambitions européennes, sauf les possessions déjà existantes.

La Doctrine de Monroe ne contenait ni un programme ni un compromis défensif; elle n'était qu'une déclaration, mais cette déclaration avait, dans ses termes, assez d'élasticité pour permettre aux États-Unis l'activité politique nécessaire à son développement et à l'accroissement de son influence.

En un mot, la doctrine de Monroe, dans sa vraie portée, ne signifiait que cette chose toute simple : que le Droit des Gens faisait loi pour les nations d'Amérique, comme pour celles de l'Europe ; elle n'apportait aucune innovation aux règles classiques du Droit International sur la souveraineté et l'égalité des États, formulées par Grotius et par Vattel ; elle ne créait pas même un principe de politique américaine ; manifestée en message, elle valait ce que valent les idées émises par des hommes d'État. Jamais les États-Unis ne se sont jugés forcés de l'invoquer en faveur des puissances américaines, de même qu'ils ne se sont jamais trouvés embarrassés par des restrictions à leur liberté d'action plus étendues que celles du Droit International. Elle a été toujours en vigueur comme l'opinion politique du peuple américain, d'une efficacité préventive, puissante et salutaire.

Les conséquences les plus remarquables qui découlent de son exécution et de son développement sauf en ce qui intéressait particulièrement aux États-Unis, ce sont les conclusions que M. Drago en prétendit tirer, sur le recouvrement à main armée des dettes publiques et l'ampliation qui lui a donné M. Théodore Roosevelt, dans son message de 1905.

C'est intéressant de relire la partie finale du paragraphe de ce message qui se rapporte à la Doctrine de Monroe :

« Ces considérations m'entraînent à dire ce que doit être l'un des objectifs de la Doctrine de Monroe. C'est un devoir qui nous est imposé que celui d'employer tous les efforts possibles pour diriger vers la paix et vers l'ordre celles de ces républiques sœurs qui auront besoin de ce secours ».

Il n'y a pas à se tromper sur la portée que ces paroles donneraient au rôle des États-Unis. D'une position simplement défensive, ils commencent à promettre leur appui pratique, une sorte de coopération efficiente au maintien de la paix et à la conservation de l'ordre, dans la vie intime des républiques américaines. Cet appui, ce « secours », cette animation, peu importe le nom qu'on lui donne, présentait deux faces, visiblement antagoniques, sous la forme d'une solidarité vers les aspirations et les intérêts des peuples d'origine latine ; d'un côté, l'effort pour la conservation de la paix internationale ; de l'autre, tous les doutes et toutes les incertitudes et méfiances qui peuvent surgir de cette étrange mesure de sûreté envers « l'ordre » des autres nations.

On ne saurait se dissimuler que l'affirmation de M. Roosevelt contenait, en des mots pénétrés d'excellents sentiments, la même prétention que la diplomatie européenne s'est toujours réservée d'exercer sur quelques peuples indépendants un certain nombre de pouvoirs forcément arbitraires ; mais ce qui s'en détache avec une vigueur frappante c'est la promesse d'une initiative amiable des États-Unis en faveur de la paix, dans le continent ; et de ces promesses, les gouvernements américains ont su toujours s'en acquitter.

Si cette partie du message est interprétée d'accord avec la pensée émise par l'ancien président dans le passage du même document sur la réunion, alors prochaine, de la Conférence de la Haye, où l'éminent homme d'État manifestait l'espoir que de ce congrès résulterait un progrès remarquable dans l'application de l'arbitrage à la solution des conflits internationaux, on saisit clairement sa pensée de diriger le continent vers une politique de solidarité, en vue de la paix.

Cette face nouvelle du développement de la doctrine conduit à comparer le caractère de la politique américaine, ainsi définie par les États-Unis, avec la doctrine de l'équilibre européen. La forme de Monroe était une constatation spontanée de l'égalité des nations américaines ; au principe d'une oligarchie internationale des grandes puissances, équilibrant respectivement leurs forces et dédaignant la dignité et la liberté des petites puissances, on substituait l'ample reconnaissance de l'autonomie de toutes les unités nationales de l'Amérique. La formule du président Roosevelt contenait expressément la déclaration d'une hégémonie des États-Unis ; on ne saurait nier, de bonne foi, l'existence de cette espèce d'autorité et de contrôle politique, dissimulée dans l'affirmation du devoir de secourir les autres nations, devoir dont l'exercice contenait virtuellement la faculté de prendre connaissance de leurs affaires et de leurs intérêts extérieurs et domestiques.

La doctrine Roosevelt était donc une rétrogradation dans cet ensemble d'opinions que l'on a l'habitude d'appeler le Droit International Américain ; et ce mouvement en arrière se montre plus évident quand on compare les paroles du Président avec l'attitude des délégués américains à la Conférence de la Haye dans les travaux de l'organisation du Tribunal International de Justice, clairement contraire au principe de l'égalité juridique des États.

Les paroles de M. Roosevelt et l'attitude des délégués américains représentent à peine, néanmoins, un écart de la ligne générale de la politique américaine. Et si l'on réfléchit que les États-Unis se trouvaient alors, par suite de la guerre de Cuba, dans un état d'enthousiasme et d'exaltation patriotique dont il était facile de glisser dans l'excitation impérialiste, on n'est pas surpris de les voir s'écarter, sous le gouvernement du commandant des «rough riders», de leur ligne traditionnelle de respect à la souveraineté des nations sœurs ; et cela a été si bien compris que les mots du message et les actes des délégués américains à la Haye n'ont pas altéré ni la cordialité des rapports ni le respect réciproque des nations d'Amérique.

Les États-Unis devaient bientôt prendre un grand relief dans le cadre de la politique internationale. Quelques événements récents marquent une direction nouvelle et plus large dans la politique américaine : ce sont le discours prononcé à Christiania par M. Roosevelt, sur la paix mondiale : les paroles du Secrétaire d'État M. Philander Knox, rappelant le cas classique d'application de l'arbitrage international entre les États-Unis et l'Angleterre, dans la solution de leurs questions de frontières et affirmant la politique pacifiste des États-Unis ; la résolution du Congrès de nommer une commission d'hommes d'État pour étudier, avec les autres gouvernements, l'établissement de la paix ; et les traités d'arbitrage illimité, signés par le président Taft avec l'Angleterre et la France.

Avec cette initiative, les États-Unis ont élevé et élargi le programme de leur politique internationale jusqu'à l'horison le plus vaste : la doctrine de Monroe a été absorbée dans la doctrine de la paix.

La paix universelle est aujourd'hui la doctrine politique des hommes d'État américains, le programme officiel de la politique des États-Unis.

Ayant avancé jusqu'à ce point et converti en programme politique la plus haute aspiration humaine, on ne peut pas supposer que, de leur côté, les Républiques sud-américaines s'arrêtent devant leur grande sœur du Nord pour réclamer les bénéfices du message de Monroe et pour attendre et remercier les faveurs des promesses philanthropiques de M. Roosevelt.

Les États-Unis ont certainement le droit d'assumer une position d'initiative politique vis-à-vis des nations américaines ; ils peuvent réclamer, sans aucune déchéance pour ces républiques, une certaine faculté de représentation de leurs aspirations et de leurs tendances devant les autres nations du monde, d'exposer des théories et des principes qui, en traduisant leurs sentiments et répondant à leurs intérêts, sont applicables à la vie et à l'avenir de leurs sœurs d'origine latine, libre à celles-ci de les approuver, de les suivre, de les tolérer et de les repousser ; mais ce qui serait absurde c'est que, après l'initiative du gouvernement des États-Unis, lançant courageusement l'essor de leur politique jusqu'à proposer aux nations européennes l'établissement de la paix, les nations sud-américaines se maintiennent en position de fidélité et de dépendance envers leur grande sœur du nord, au nom d'une doctrine hors d'usage, qui n'a pas d'intérêt et ne peut pas avoir d'application qu'en vue de guerres et à l'occasion de conquêtes.

Evidemment la vénération des peuples américains pour leur grande sœur du nord, leur reconnaissance pour les services rendus à la paix américaine, á la cause de la civilisation et de l'humanité, doit s'exprimer par l'acceptation d'un droit d'initiative et de direction dans cette politique générale des nations américaines résultante de l'identité de leur évolution sociale et politique, dont les États-Unis ont su faire valoir les principes avec une entière sincérité et une haute intelligence. Il s'agit, donc, d'une politique de l'Amérique envers les puissances des autres continents, libre de toute hostilité et de prévention, sans autre pensée de solidarité ou d'unité continentale, en dehors de ce but commun. Cette politique, les États-Unis l'ont explicitement déclarée : c'est la politique de la paix universelle.

L'Amérique, en plein état de paix, ayant le regard tourné vers l'avenir merveilleux que l'attend grâce à la richesse de ses terres, á l'énergie et á l'intelligence de ses fils, n'a rien à craindre ni à defendre, sauf les périls qu'elle se créera de ses propres mains, ou qui lui viendront des crises sociales universelles. L'Europe n'est plus pour elle le continent des métropoles, mais la source de la civilisation et de la culture, la terre d'origine de quelques unes de ses races, le berceau d'un grand nombre de ses habitants, la collaboratrice de son progrès et de sa richesse matérielle. Au point de vue politique, nulle ombre de menace, nulle pointe de rivalité, aucun intérêt discordant, aucun sentiment moins cordial, n'expliquerait que nous nous laissions hanter par les préoccupations de défense militaire qui nous tourmentaient autrefois, peuples nouveaux et faibles que nous étions, en face de puissances fortes et ambitieuses. L'Europe nous regarde avec la curiosité, l'intérêt et l'estime que lui inspirent nos progrès; nous la contemplons avec une tendresse mélangée de vénération et avec les égards de jeunes peuples qui ont besoin de ses lumières et de l'appui de sa civilisation et de sa culture.

Les dangers de la civilisation américaine s'annoncent dans la vie même de leurs nationalités et dans leur situation particulière, en face des nouveaux problèmes sociaux et économiques. Plus exposée à la répercussion des luttes économiques contemporaines, elle n'a à craindre que la corruption de sa propre civilisation par l'influence du capitalisme et de la spéculation et la dissolution de leurs nationalités par force de ces éléments et de l'expansion victorieuse des puissances économiques.

La plupart des nations américaines n'ont pas des raisons pour être plus amies des États-Unis que des peuples européens, plus reconnaissantes à leur amitié et à leurs services qu'à ceux de tout autre nation. Par la race, par les intérêts, par la civilisation et par la culture, par de fréquentes relations intellectuelles, économiques et financières, elles regardent presque toutes avec une plus vive sympathie du côté du vieux continent que du côté du Nord.

Au point de vue de la corruption de la démocratie et des abus du capitalisme et de l'expansion économique, elles n'ont pas moins à craindre des États-Unis que de tout autre grande puissance.

Il faut pourtant bannir de l'esprit la pensée d'une solidarité américaine, en opposition à l'Europe, en antagonisme à sa politique, divorcée de ses aspirations et de ses destinées.

Les facteurs prédominants dans la politique internationale au moment de la déclaration de Monroe ont été altérés ou remplacés.

Les luttes politiques ont évolué du terrain révolutionnaire vers la forme pacifique des compétitions des partis; le problème de la liberté politique, tel qu'il a été posé par les penseurs du XVIIIe siècle a trouvé sa solution dans presque tous les pays européens, ou bien il est en train d'en aboutir; la concurrence commerciale, en subissant l'influx du progrès et de la décadence matérielle des peuples, ne se heurte plus aux embarras des monopoles d'État et des restrictions officielles. Dans ce régime de liberté, avec la multiplication des instruments de commerce, les échanges se sont tellement accrues que les distinctions de nationalités s'effacent peu à peu dans la trame de la concurrence entre individus et associations; l'équilibre européen s'est consolidé en deux forces d'un antagonisme plus apparent que réel; la politique d'occupation territoriale achève la liquidation du butin africain; l'Asie et l'Orient méditerranéen commencent à rejoindre la civilisation occidentale, s'adaptent à ses idées, cherchent à se niveler au plan de sa culture.

Cet état de choses donne à la politique pacifiste proposée par les États-Unis toute la force et toute la chaleur de l'opportunité.

Des phénomènes nouveaux se produisent dans la vie des peuples. Une fois la liberté politique acquise, cette conquête de la bourgeoisie, c'est le prolétariat qui réclame le droit à la vie, à la santé, au bien-être, intérêts plus sérieux que celui du vote et de l'égalité en face de la loi, et pourtant refoulés, presque ignorés, sous l'amas des privilèges politiques et économiques, ramassés pendant des siècles de despotisme et de prejugés. Les terres nouvelles et séduisantes de l'Amérique, où l'on ignore la faim, terres toujours ouvertes aux aspirations des classes pauvres, commencent à attirer des masses d'immigrants, déplacés pacifiquement et volontairement.

La question ouvrière, traduisant les nécessités et les aspirations des prolétaires, inconsciemment exprimées jusqu'aujourd'hui en de vagues formules démagogiques, et irritées par la politique, crée une nouvelle et plus dangereuse perturbation dans les institutions et les mœurs des vieilles sociétés nationales de l'Europe ; l'émigration spontanée offre toujours, petit à petit, de nouveaux terrains à l'aspiration et au travail de ces foules opprimées.

L'aspect de contraste et d'opposition ainsi dissipé, les deux continents plus civilisés de la Terre se trouvent différentiés par les caractères particuliers à leur état social et économique, à leur formation, aux tendances parallèles de leur marche : l'un, en pleine croissance organique ; l'autre, en état de récomposition.

L'Europe rejette les résidus fermentés de longues et douloureuses révolutions. Les luttes de religion, de races, de nationalités, celles des llbertés populaires contre l'autorité, sont à peu près apaisées ; et, sous l'influence des idées qui font le patrimoine de son intelligence, embarrassées par ses traditions et ses préjugés, ses sociétés se reconstruisent, dans la douleur et l'angoisse de l'agitation et des réactions.

Transportée sur le sol américain, la pensée européenne a, dès lors, aplani notre route des rudesses des luttes de religion et des luttes de tradition politique ; dans ces nouvelles nationalités formées par l'immigration, l'esprit de race est effacé dans la solidarité et dans la concurrence des individus : et si l'agitation ouvrière se présente, sporadiquement et d'une manière isolée, dans quelques points du continent, on doit l'attribuer à la répercussion d'idées d'importation, agitées plutôt par habitude que par conviction, et à cette malencontreuse politique qui a favorisé, dans quelques pays, avec le protectionnisme industriel, la concentration des masses prolétaires.

Quelques peuples américains, par habitude profondément enracinée; par acceptation sans examen de principes et de théories juridiques et politiques; par survivance des sentiments des luttes coloniales; et, surtout, par suite d'intérêts et d'ambitions politiques, se sont laissés entrainer par l'esprit d'imitation des rivalités et des intrigues de la diplomatie européenne. Il en résulte cette atmosphère d'inimitiés, de sympathies et d'oppositions, d'abus et de violences, agitée de temps en temps par la légèreté du patriotisme déclamatoire avec l'applaudissement des spectateurs oisifs des luttes politiques.

La conscience de nos vrais intérêts et de nos destins commence, pourtant, à se montrer. N'ayant pas à résoudre les redoutables problèmes qui ont troublé le sort de nos frères d'outre mer, les Américains ont compris qu'il faut concentrer leurs forces et leurs énergies à la consolidation de l'ordre, chez eux.

Nos richesses inexploitées attirent les capitaux; les terres sans culture attirent les bras sans travail; des terres et des mines ouvrent la séduction de la fortune aux ambitions du capital et aux nécessités des travailleurs. Nous sommes le laboratoire où s'élabore une nouvelle humanité, sans traditions, sans préjugés, sans entraves, ayant devant nous une source d'immenses richesses.

Et l'Amérique surgit, devant l'Europe, non pas en antagonisme, mais comme le fruit de ses idées et le terrain de solution d'un grand nombre de ses difficultés. Il y a, certes, une politique américaine, mais cette expression « politique » a perdu le sens classique de compétition entre des groupes opposés pour s'anoblir du sens d'une orientation favorable à tous les courants de l'opinion.

Cette politique est la politique de la démocratie. En organisant la démocratie politique, l'Amérique n'a fait que prendre le problème humain au point où l'a placé la pensée du XVIIIe siècle, en lui donnant sa solution ; mais l'esprit du XVIIIe siècle n'ayant pu voir le fond même du problème s'est arrêté aux solutions purement politiques.

Il faut raffermir cette œuvre, mais il faut également la réaliser et la consolider, par l'étude, le contrôle et la direction des crises sociales et individuelles et des phénomènes d'équilibre des forces et des capacités. La liberté politique et civile est une liberté de pure forme ; il faut qu'elle soit greffée sur l'arbre vigoureux de la sécurité sociale et économique. C'est la mission à laquelle l'Amérique est prédestinée ; et l'accomplissement de cette mission est inséparablement liée à la réalisation de la paix permanente.

Les États-Unis l'ont compris et ont assumé la responsabilité de la proposer au monde : c'est ce que montrent l'initiative des anciens Présidents Roosevelt et Taft et l'élection de M. Woodrow Wilson. Cette initiative a donné à la belle et gigantesque nation la gloire de créer un impérialisme nouveau, l'impérialisme moral des idées, fondé sur l'aspiration de l'influence par la force de la justice, de l'honnêteté des intérêts, par l'irrésistible fatalité du bien. Les suivre et les appuyer dans cette route n'est pas un acte de subordination à la nation plus forte, ni un geste de méfiance envers les autres nations : c'est poursuivre, devant les nouveaux problèmes humains, la logique de notre politique ; c'est nous placer, devant les peuples et les gouvernements, en amis plus libres et plus avancés, pour entamer la solution de leurs propres difficultés.

Voilà ce que doit être le développement naturel de l'idée de Monroe, développement, à son tour, de l'idéal de Washington et de l'idéal de Canning.

CONCLUSION : L'ORGANISATION DE LA PAIX

Depuis que cette idée de l'organisation de la paix permanente s'est présentée aux esprits elle s'est traduite dans la forme que la tradition des faits internationaux avait établie entre les nations, d'un Congrès des Puissances.

C'est l'idée du margrave Ernest de Hess Rheinfels, d'Éméry de Crucé, de l'abbé de Saint Pierre, de Kant, de Penn, de presque tous les auteurs de projets d'organisation de la paix. Mais ces Congrès, tout en ayant dans quelques projets, des attributions politiques, étaient, surtout des corps judiciaires. Cette idée que la guerre résulte de la question qui la précède immédiatement, et que la décision de ce litige à la façon des questions judiciaires supprime la guerre et ses causes, a fait pencher les esprits du côté de la solution par l'arbitrage, forme de la justice volontaire dans les rapports privés que l'on a développé jusqu'à en faire un moyen permanent de justice.

Les bons offices et la médiation, que l'on trouve dans le projet de l'Abbé de Saint Pierre, ont été entièrement rejetés dans les essais d'organisation pratique ; et les deux Conférences Internationales de la Paix, tout en recommendant et en réglant ces moyens amiables de solution des conflits, n'ont pas même songé à en faire l'attribution permanente d'un Congrès des Nations.

L'organisation de la Justice Internationale s'est ainsi présentée comme la seule solution des problèmes politiques du monde.

Il faut en poursuivre les travaux, même si l'on trouve que cette solution est imparfaite et surtout incomplète.

Cette manière d'envisager le problème de la paix résulte, pourtant, d'une illusion de jugement historique.

Les guerres sont, par dessus tout, des faits politiques et sociaux, provenant de causes profondes, presque toujours lointaines, parfois inaperçues, dont les motifs occasionnels ne sont que des prétextes ou des éclats explosifs. Les questions juridiques, les conflits justiciables, ne donnent que bien rarement occasion à des hostilités.

Ce qu'il faut pour assurer la paix, c'est de créer, à côté de la Cour Internationale, un corps de caractère politique, une sorte d'amphictyonie mondiale, composée d'une élite d'hommes politiques, d'un talent souple et d'un vaste savoir, réunissant, tout à la fois, la finesse du diplomate, la largeur et la pénétration de vues de l'homme d'État, la science du sociologue, du jurisconsulte et de l'économiste, chargé de surveiller les événements de la politique internationale, pour en prévenir les conflits, en les soumettant à tous les moyens possibles de solution amiable.

Les exceptions ordinairement faites à l'acceptation du jut gement arbitral, qui sont aussi des objections opposées à l'organisation d'une cour obligatoire de justice internationale, tou- en ne se rapportant pas à la véritable raison de l'insuffisance de ce corps pour assurer la paix, sont la meilleure preuve de cette insuffisance. Les conflits intéressant l'intégrité, les intérêts vitaux et l'honneur des nations, sont, tous, des cas éventuels, conséquences, ou incidents, des lointaines causes dont on vient de parler. Ces faits en vérité ne sont pas justiciables, et l'étude sérieuse des causes supposées des guerres laisserait peut-être bien des doutes sur l'existence de guerres dues à des causes d'un caractère vraiment litigieux.

La réflexion sur les véritables causes des guerres, sur ces exceptions habituelles au recours de l'arbitrage et sur le système proposé dans les traités d'arbitrage illimité, signés entre les États-Unis, l'Angleterre et la France, et rejetés par le Sénat des États-Unis, confirme la nécessité de ce corps, organisation trés pratique, développement naturel de la diplomatie, de ses Congrès et de ses Conférences, dont elle hérite des moyens et des procédés.

Le Congrés Permanent des puissances doit être pourvu du pouvoir d'exécuter et de renforcer les jugements de la Cour Internationale de Justice et d'un certain nombre d'attributions déliberatives sur ces affaires et ces intérets caractéristiques de l'évolution contemporaine des sociétés que l'on peut appeler, ayant en vue leur généralité, leur proéminence sur les intérêts des états, et leur étendue par delà les frontières, des questions *supra* nationales.

C'est le premier pas, dans l'organisation politique du monde, tel que le requièrent les problèmes posés par l'état social du présent.

Il ne faut pourtant pas s'arrêter á la création de ces deux institutions. Ce besoin d'ordre et d'étude, ce désir d'avoir conscience des choses de la vie et de la société, aspiration de tous les nobles esprits, impose la nécessité d'une organisation qui puisse devenir le centre du travail intellectuel de tout le monde, le bureau de revision des recherches personnelles et de comparaison des résultats obtenus dans chaque question et des conclusions partielles, à l'effet de leur application. Sans caractère obligatoire ni dogmatique, les travaux de ce corps savant — des généralisations et synthèses provisoires, progressives ou définitives — donneraient aux gens d'étude un guide et des points de repaire dans leurs recherches, devenant pour la politique internationale surtout et pour les gouvernements, un admirable corps consultatif.

Ces savants, choisis dans tous les pays parmi les hommes de cœur noble et de haut esprit, entourés de toutes les conditions de confort et de sécurité sociale et morale, pourvus de tous les moyens d'étude et de recherche, exerceraient assurément sur la vie des peuples et sur les actes des gouvernements une salutaire influence d'apaisement, de raison, d'esprti pratique. Ce serait le progrés naturel, réalisé en des conditions d'efficacité, des Congrès scientifiques contemporains.

Ce sont des idées simples, naturellement développées d'institutions déjà existantes et en fonctionnement, dont tout le monde reconnait les avantages et dont on pourra vérifier les résultats.

La négation de la nécessité et de l'opportunité de ces créations ne serait que l'expression d'une attitude négativiste, sans base dans notre nature et sans fondement dans les intérêts de notre espèce.

On discute, maintenant, la rationalité de notre esprit. Mettons de côté le débat philosophique ; remplaçons la Raison par la Pensée, dans ce centre de nos âmes où se fait l'équilibre de nos actes, le coordonnement de nos fonctions, et demandons-nous, de bonne foi et en toute franchise d'esprit, si le gouvernement des nations et du monde, mériterait d'être la seule chose abandonnée par la civilisation aux impulsions, aux appétits et aux calculs individuels ?

Ce serait refuser à notre esprit, dans la politique, la capacité dont il fait preuve dans toutes les autres manifestations de la vie.

TABLE DES MATIÈRES

810 — Rio de Janeiro — Imprensa Nacional — 1913

Printed in Dunstable, United Kingdom

91221343R00137